U0608634

语文学习指导与能力训练

（基础模块）上　册
（第四版）

主编　于黔勋

高等教育出版社·北京

内容提要

本书是中等职业教育课程改革国家规划新教材《语文》（基础模块）上册（第四版）的配套练习册。为进一步贯彻落实党的十九大精神和全国教育大会精神，本书在坚持第三版的编写原则和体例结构不变的基础上进行了修订。

全书共 6 个单元，每个单元按必读课文设基础知识应用和阅读与表达能力训练，依单元设拓展延伸，可帮助学生培养语文应用能力，提高人文素养，也可供教师编制练习时参考。本书配有 A、B 两套综合自测题，学生可根据自己的学习水平选择使用，检测学习效果。各单元练习均附有参考答案。

本书在题型设计、内容选择、难易度确定等方面，充分考虑了中等职业教育培养目标对语文教学的要求，以及学生的实际水平，具有较强的针对性和实用性，适用于中等职业教育各专业语文课程的教学。

本书配有学习卡资源，请登录 Abook 网站 http：//abook.hep.com.cn/sve 获取相关资源，详细说明见本书"郑重声明"页。

图书在版编目（CIP）数据

语文学习指导与能力训练：基础模块．上册／于黔勋主编．--4 版．--北京：高等教育出版社，2019.8（2021.12 重印）
ISBN 978-7-04-052290-7

Ⅰ．①语… Ⅱ．①于… Ⅲ．①语文课-中等专业学校-教学参考资料 Ⅳ．①G634.303

中国版本图书馆 CIP 数据核字（2019）第 150187 号

Yuwen Xuexi Zhidao yu Nengli Xunlian

策划编辑	李术蕊	责任编辑	李术蕊	封面设计	张 楠	版式设计	马 云
责任校对	张 薇	责任印制	赵义民				

出版发行	高等教育出版社	网 址	http://www.hep.edu.cn
社 址	北京市西城区德外大街 4 号		http://www.hep.com.cn
邮政编码	100120	网上订购	http://www.hepmall.com.cn
印 刷	北京中科印刷有限公司		http://www.hepmall.com
开 本	787mm×1092mm 1/16		http://www.hepmall.cn
印 张	7.75	版 次	2009 年 7 月第 1 版
			2019 年 8 月第 4 版
字 数	120 千字		
购书热线	010-58581118	印 次	2021 年 12 月第 21 次印刷
咨询电话	400-810-0598	定 价	21.60 元

本书是中等职业教育课程改革国家规划新教材《语文》（基础模块）上册（第四版）的配套练习册。

为进一步贯彻落实党的十九大精神和全国教育大会精神，落实立德树人根本任务，我们组织了本次修订。本次修订，在坚持第三版的编写原则、体例结构不变的基础上，更加突出以下特点：一是注重以文化人，在进行语文能力训练的过程中，引导学生感受作品的精神力量和语言魅力；二是贴近生活实际，引导学生理解表现新时代优秀人物的文学作品的精神内涵与艺术价值，体悟时代精神，提高阅读品位；三是遵循学习规律，引导学生在学科知识的理解和运用过程中，形成学科能力，体认学科思维方式和学科思想。

本书的修订工作由本套教材总主编倪文锦、于黔勋负责，参与修订的人员有何忠、张艳。

书中如有欠妥之处，欢迎使用者批评指正。

读者意见反馈邮箱：zz_dzyj@ pub.hep.cn。

编 者

2019 年 6 月

第三版编
写说明

本书是中等职业教育课程改革国家规划新教材《语文》（基础模块）上册（第三版）的配套练习册。

为贯彻落实党的十九大精神，本次修订，在坚持第一版和修订版的编写原则、体例结构不变的基础上，进一步突出了以下特点：一是突出价值导向，努力将语文能力训练与文化熏陶融会在一起；二是聚焦语文素养，引导学生在语文能力训练中，获得语言理解与运用、思维发展与提升、审美发现与鉴赏、文化传承与参与等语文核心素养的全面发展；三是强化言语实践，引导学生运用课本所学方法，自主面对情境，解决问题，达成和巩固学习目标。

本书的修订工作由本套教材总主编倪文锦、于黔勋负责，参与修订的人员有何忠、张艳。

书中如有欠妥之处，欢迎使用者批评指正。

读者意见反馈邮箱：zz_dzyj@ pub. hep. cn。

编　者
2018 年 5 月

　　本书是中等职业教育课程改革国家规划新教材《语文》（基础模块）上册（修订版）的配套练习册。

　　本书坚持了第一版练习册的编写原则，即习题的编制与教学目标保持高度的一致，重视基础知识应用的训练，题型设计与题目安排充分考虑教学的实际需要。本书的体例保留了第一版练习册的特点，以课本的教学单元为基本结构，每个单元的必读课文设置了基础知识应用、阅读与表达能力训练两个项目，并按单元安排了以阅读能力的拓展延伸为目的的练习。本书还配有两套要求不同的综合自测试卷，供学生自主选择进行自测，也为教师设计各类考试题目提供参考。

　　在坚持第一版练习册的编写原则，并沿袭其体例结构的基础上，本书对原有的一些习题做了完善和修改。修改后的习题能更好地培养学生的语文应用能力，提升学生的人文素养。

　　本书的修订工作由本套教材总主编之一的于黔勋负责，参与修订的人员有魏燕琪、戴智敏、黄辉。

　　由于水平限制，本书难免有疏漏及不足之处，欢迎使用本书的教师和学生提出指正意见，以便再次完善。

编　者

2013 年 4 月

第一版编写说明

  本书是中等职业教育课程改革国家规划新教材《语文》（基础模块）上册的配套练习册。本书以强调一致性、突出应用性、重视适用性为编写原则，充分考虑职业教育培养目标对语文课程的实际要求，以及学生语文学习的实际状况，以提高学生语文应用能力和拓展语文学习资源为目标，确定体例，安排题型，编制题目。

  本书依据课本的教学单元编写，依课设置基础知识应用、阅读与表达能力训练，依单元设置拓展延伸。基础知识应用部分按照课本的有关教学内容设计练习，以提高学生运用知识的实际能力；阅读与表达能力训练部分旨在培养学生的阅读分析能力和表达交流能力；拓展延伸部分通过文章阅读提升学生的赏析能力。考虑到学生学习水平和专业的不同，本书所配的综合自测试卷设计为 A、B 两套，可由学生自主选择，进行自我检测；也可供教师设计各类考试题目时参考。

  本书由于黔勋任主编，参加编写的有刘永先、尹义明、郑桂华、戴智敏、黄辉、王虹。限于编写水平，书中难免存在不足甚至差错，期望使用的教师和学生指正。

编 者

2009 年 5 月

目录

第一单元

一 沁园春·长沙

一、基础知识应用

1. 下列加点字中，注音全部正确的一项是（　　　　）

A. 百舸（kě）　　　　惆怅（chàng）　　　　携（xié）手

B. 橘（jǔ）子　　　　苍（cāng）茫　　　　漫（màn）江

C. 遒（qiú）劲　　　　遏（è）制　　　　寥廓（guō）

D. 飞翔（xiáng）　　　峥（zhēng）嵘　　　砥（dǐ）柱

2. 下列词语中，加点字解释有错误的一项是（　　　　）

A. 鱼翔浅底（翔，形容鱼游得自由轻快）

B. 怅寥廓（怅，表达失意的情绪）

C. 谁主沉浮（沉浮，指盛衰）

D. 峥嵘岁月稠（峥嵘，不平凡、不寻常）

3. 对"万类霜天竞自由"一句的理解，有错误的一项是（　　　　）

A. 这句描绘了在橘子洲头见到的一幅色彩绚丽的秋景图。

B. 这句的大意是说一切生物都在秋光中争着过自由自在的生活。

C. 这句对万物蓬勃向上的情状做了富于哲理性的概括。

D. 这句从眼前景一下扩展到世间万物，是前面六句写景的总收。

4. 对下列诗句朗读的节奏，划分不正确的一项是（　　　　）

A. 看/万山/红遍，层林/尽染　　　B. 忆/往昔峥嵘/岁月稠

C. 万类/霜天/竞/自由　　　　　　D. 恰/同学少年，风华/正茂

5. 对《沁园春·长沙》的赏析，不正确的一项是（　　　　）

A. "独立寒秋"，独自站立于深秋之中，"独"字给人以孤独之感。

B. "层林尽染""漫江碧透"，运用色彩生动地描绘出湘江深秋的绚丽景色。

C. 诗人用问答的形式，巧妙地回答了领导中国革命的问题。

D. "曾记否，到中流击水，浪遏飞舟？"表达了诗人敢于搏击风浪的思想感情。

二、阅读与表达能力训练

阅读下面的词句，完成6—13题。

（一）

独立寒秋，湘江北去，橘子洲头。看万山红遍，层林尽染；漫江碧透，百舸争流。鹰击长空，鱼翔浅底，万类霜天竞自由。怅寥廓，问苍茫大地，谁主沉浮？

6. 解释下列词语的含义。

尽染：_____　　碧透：_____

百舸：_____　　霜天：_____

7. 起句交代了什么内容？"独"字写出了怎样的情境？

_____

8. 一个"看"字总领到哪一句为止？描绘了一幅怎样的画面？"一切景语皆情语"，这幅图画表现了作者怎样的感情？

_____

_____

9. 把你能联想到的描写秋色的词句写出两三例。

_____

_____

（二）

携来百侣曾游。忆往昔峥嵘岁月稠。恰同学少年，风华正茂；书生意气，挥斥方遒。指点江山，激扬文字，粪土当年万户侯。曾记否，到中流击水，浪遏飞舟？

10. 解释下列词语的含义。

风华正茂：_____

书生意气：_____

指点江山：_____

11. "携来百侣曾游。忆往昔峥嵘岁月稠。"这两句诗在全文结构中起什么作用？

_____

12. 一个"恰"字总领到哪一句为止？这几句塑造了"同学少年"怎样的形象？

_____

_____

13. 哪一句形象地表达了诗人勇敢地投身于革命风浪的决心？

_____

14. 与别人交谈时，我们应当根据交谈双方的身份去说话，否则，就很容易产生误解和不快，达不到说话的目的。说一说下面例子中姑娘的问语为什么引起了老大爷的不满，请帮助姑娘纠正过来。

一个姑娘向老大爷问路："喂！老头子，往张村去还有多远？"连问三次，老大爷才开口说："三拐杖。"姑娘奇怪地说："路不是论里嘛，怎么论拐杖啊？"老大爷说："论'里'（礼）呀，你应该叫我一声'大爷'，正因为你不懂'里'（礼），我才拿拐杖教训教训你！"

（1）姑娘的问语引起老大爷不满的原因：_____

_____

（2）符合礼仪规范的问语：_____

_____

15. 邰心如的母亲最近住院了，因家里无人照看，邰心如需要向班主任张老师请假两周看护母亲。如果你是邰心如，该怎么写这张请假条呢？

二 爱情诗二首

一、基础知识应用

1. 下列词语中，加点字的读音完全不相同的一组是（　　）

A. 寒暄　玄机　选拔　炫耀 　　　　　B. 雾霭　拜谒　遏制　蔼然

C. 珊瑚　删除　蹒跚　姗姗 　　　　　D. 懊丧　澳门　奥运　凹凸

2. 下列词语中，有错别字的一组是（　　）

A. 慰藉　狼藉　痴情　踯躅 　　　　　B. 崎岖　涟漪　伟岸　巍峨

C. 攀猿　援助　橡树　照像 　　　　　D. 火焰　烟囱　威仪　崴脚

3. 下列句子中，没有使用比喻修辞手法的一句是（　　）

A. 绝不像攀援的凌霄花，借你的高枝来炫耀自己。

B. 仿佛永远分离，却又终身相依。

C. 我有我红硕的花朵，像沉重的叹息，又像英勇的火炬。

D. 你有你的铜枝铁干，像刀，像剑，也像戟。

4. 在下面句子横线处依次填入的词语，最恰当的一组是（　　）

你们_____一个非常的日子，_____具有特定意义的花，_____一个特殊的场合，_____我出了一道即兴的教育话题。

　　A. 置于　　选择了　　在　　　给

　　B. 选择了　　在　　　置于　　给

　　C. 在　　　选择了　　置于　　给

　　D. 在　　　给　　　置于　　选择了

5. 按照题后提示的查阅资料，根据上下文填写古诗文原句。

（1）风急天高猿啸哀，渚清沙白鸟飞回。_____，_____。（杜甫《登高》）

（2）河汉清且浅，相去复几许?_____，_____。（《古诗十九首·迢迢牵牛星》）

（3）寻寻觅觅，冷冷清清，_____，_____，最难将息。（李清照

《声声慢》)

（4）＿＿＿＿＿＿＿＿，＿＿＿＿＿＿＿＿。嘈嘈切切错杂弹，大珠小珠落玉盘。（白居易《琵琶行》）

二、阅读与表达能力训练

6. "仿佛永远分离，却又终身相依。"你对《致橡树》中的这句诗是如何理解的？

_____

_____

7. 下列有关课文内容的分析，正确的一项是（　　）

A. 《致橡树》和《我愿意是急流》运用了鲜明生动的比喻和象征，能让读者插上想象的翅膀，使诗歌更具有韵味和感染力。

B. 《致橡树》是一篇向陈腐观念发出挑战的现代男性的爱情宣言，只有这种爱情观才体现了男女平等。

C. 《致橡树》和《我愿意是急流》都表达了女性对真正的爱情的表白、向往与呼唤。

D. 《致橡树》中的"绝不像攀援的凌霄花"和《我愿意是急流》中的"只要我的爱人是青青的常春藤"，暴露出男女的爱情观在一些地方是有矛盾的。

8. 阅读下面文字，并完成文后的问题。

他们替我缝补了腿，给我一个可以坐着的差使：要我数在一座新桥上走过的人。他们以用数字来表明他们的精明能干为乐事，一些毫无意义的空洞的数字使他们陶醉。整天，整天，我的不出声音的嘴像一台计时器那样动着，一个数字接着一个数字积起来，为了在晚上好送给他们一个数字的捷报。当我把我上班的结果报告他们时，他们的脸上放出光彩，数字愈大，他们愈加容光焕发。他们有理由心满意足地上床睡觉去了，因为每天有成千上万的人走过他们的新桥……

当我的心爱的姑娘过桥时——她一天走过两次——我的心简直就停止了跳动。我那不知疲倦的心跳简直就停止了突突的声音，直到她转入林荫道消失为止。所有在这个时间内走过的人，我一个也没有数。这两分钟是属于我的，完全属于我一个人的，我不让他们侵占去。当她晚上又从冷饮店里走回来时——这期间我打听到，她在一家冷饮店里工作——当她在人行道的那一边，在我的不出声音、但又必须数的嘴前走过时，我的心又停止了跳动；当不再看见她时，我才又开始数起来。所有一切有幸在这几分钟内在我蒙眬的眼睛前面一列列走过的人，都不会进入统计中去而永垂不朽了：他们全是些男男女女的幽灵，不存在的东西，都不会在统计的未来完成式中一起过桥了……

（选自《在桥边》，外国文学出版社 1980 年版）

（1）开头第一句话有什么作用？加点的"新桥"在文中有什么特殊含义？

_____

_____

（2）文中哪一句话体现了作者对偏重物质而缺乏精神关怀的战后重建的尖锐批评？

_____

_____

（3）文中怎样具体体现了"我"对姑娘的"暗恋"（用自己的语言概括）？

_____

_____

9. 请给诗歌《我愿意是急流》续写一段。

要求：① 以"我愿意是海风"为首句；② 模仿原诗的形式和风格；③ 充分发挥联想和想象。

10. 说话要注意把握语境，与语境不协调的话会使听者产生逆反心理，带来副作用。所谓语境，主要指由一定的时间、空间和交际情景组合而成的言语交际场合。分析下面的例子，说一说王大爷的话是否符合语境。如果这话让你来说，该怎么说才合适？

李老汉是村里的牲畜饲养员，能做一手好菜，村里的人逢婚丧嫁娶都要请他帮厨。王大爷的儿子结婚，也请李老汉去做了一桌菜。在酒席上，王大爷对亲家说了几句客气话："我们这儿是个穷地方，没有做菜手艺好的人，我找来我们村的牲畜饲养员给你们做了这顿饭，好歹凑合着吃吧！"亲家一听，大为不满，结果酒席弄得不欢而散。

（1）王大爷的话引起不满的原因是 _____

_____

（2）符合上述言语交际场合的话语应该是 _____

_____

11. 根据下列材料提供的情境，按照便条的写作要求，写一则格式正确、用语得体、内容完整、符合情境的便条。

冬天眼看就要到了，2018级广告装潢专业的肖丽却依然盖着开学初从家里带来的一床薄被子。听说2017级电子商务专业的老乡黄潇潇本周末准备回家，肖丽想请黄潇潇顺便到自己家去一趟，帮她把过冬的厚被子捎到学校来。当她去寝室找黄潇潇时，黄潇潇上晚自习还没有回来。由于肖丽还有其他事情需要办，不能久等，就给黄潇潇写了一张便条说明自己的来意，让黄潇潇的室友转给她。

三　歌词二首

一、基础知识应用

1. 给下面的加点字注音。

硕（　）果　　甜蔗（　）　　滋（　）润　　巍峨（　）

淙（　）淙　　祥（　）云　　青稞（　）酒　　酥（　）油茶

2. 填空题。

①《我爱你，中国》创作于1979年，是电影《_____》的主题曲。

②《天路》作词者是_____，作曲者是_____。"天路"指_____

_____。

3. 将下列歌词补充完整。

我爱你秋日金黄的硕果

我爱你_____

我爱你_____

我爱你_____

好像_____

4. 《我爱你,中国》第2、3、4节的结尾句都是"我的母亲,我的祖国",表达了怎样的情感?

_____

5. 下列说法中,有错误的一项是 (   )

A. 《我爱你,中国》饱含着对祖国的赞颂和爱恋之情。

B. 《我爱你,中国》运用一连串叠句、排比句,对祖国的美丽风光、富饶物产、气质品质等进行了形象而细腻的描绘和刻画,虽然不够含蓄,但充满深情,气势磅礴。

C. 《天路》表达了人们对幸福生活、民族团结的向往。

D. 《天路》意境独特优美,用"牧场""神鹰""祥云""蓝天""巨龙""青稞酒""酥油茶"等富有高原特色的意象,描绘出一幅美轮美奂的画卷。

二、阅读与表达能力训练

阅读下面的文字,完成6—11题。

天 路

清晨我站在青青的牧场

看到神鹰披着那霞光

像一片祥云飞过蓝天

为藏家儿女带来吉祥

黄昏我站在高高的山岗

盼望铁路修到我家乡

一条条巨龙翻山越岭

为雪域高原送来安康

那是一条神奇的天路

把人间的温暖送到边疆

从此山不再高路不再漫长

各族儿女欢聚一堂

黄昏我站在高高的山岗

看那铁路修到我家乡

一条条巨龙翻山越岭

为雪域高原送来安康

那是一条神奇的天路

带我们走进人间天堂

青稞酒酥油茶会更加香甜

幸福的歌声传遍四方

幸福的歌声传遍四方

6. 第 1 节和第 2 节分别描绘了早晨和黄昏两幅画面，这样写有什么作用？

_____

_____

7. 歌词为什么用"神奇""天路"形容青藏铁路？

_____

_____

8. 第 2 节，作者说"黄昏我站在高高的山岗/盼望铁路修到我家乡"，第 4 节将"盼望"改为了"看那"，语意发生了怎样的变化？

_____

_____

9. 请简要分析第 3 节和第 5 节在结构上的关系。

_____

_____

10. 歌词运用了哪些富有高原特色的意象？这样写有什么表达效果？

9

_____

_____

11. 请简要分析歌词采用第一人称写法的表达效果。

_____

_____

12. 交谈，不仅要做到"会说"，还要做到"会听"。只有二者紧密结合，相得益彰，才能保证交谈效果，达到交流目的。请根据下面提供的情境，结合听话和说话的技巧，为下面空缺处填上合适的话语。

小晴非常要好的同事小雪下星期要过生日了，小晴想买一件礼物送给她。趁着周末，小晴来到超市精品专柜想为小雪挑一件生日礼物。售货员得知来意后，很热情，表示愿意帮她挑一件。于是，两人开始了交谈。

售货员：① _____

小晴：我想挑一件生日礼物送给好朋友。

售货员：真丝衬衫一向是很好的礼物。

小晴：好主意。您能帮我包装得漂亮些吗？

售货员：② _____

小晴：紫色。

售货员：喜欢打个蝴蝶结吗？

小晴：好的。

售货员：打好了，③ _____

小晴：谢谢您！再见！

售货员：④ _____ 再见！

13. 根据下面这首小诗，以"怎样看待谣言"为话题，写一篇文章。除诗歌外，文体不限，题目自拟，不少于400字。

不要，不要计较，别人怎样议论你。因为谣言像影子，总是追逐着成绩。除非你步入浓黑的暗夜，那就和影子拥抱在一起；让太阳挂在你的头顶吧，谣言就萎缩在你的脚底！

（选自《关于谣言》，作者苏叔阳）

阅读下面的文字，并回答问题。

贫 贱 夫 妻

胥加山

　　我们所住的楼层，一楼一间向阳的车库，足有20多平方米，起初是间几家公共的便利车库，后因几家不和，拒缴租费，被小区物管租给了一个进城踏三轮车的民工。

　　民工早出晚归，住了些日子，便把乡下的老婆也带进了租间里，没多久，本来冷清清的车库便有了家的模样。民工老婆在车库前摆起了青蔬摊，且光顾的人还不少。民工老婆卖的蔬菜不但新鲜便宜，而且嘴角还不停地挂着微笑。

　　忽一日，小区楼下鞭炮响个不停，下楼凑热闹，才发现鞭炮声是从民工家门口传来的。人们围在那儿说说笑笑，原来民工夫妻俩在此开了间便民超市，卖些日用百货、米油酱醋。民工夫妇激动得涨红了脸，男人不停地递着烟，女人则微笑着为孩子、女人们分发糖果，看来，这对民工夫妇要在此生活下去。

　　便利店一开至今，形成了固定的销售群，虽说他们的利润很微薄，但他们的微笑和真诚一直赢得人们光顾他们的小店。民工早已不再蹬三轮车，他成了小区里最忙的男人。谁家缺少煤气，叫一声，他会扛上楼且安装完整，收的辛苦费虽是三五元，但他乐此不疲地干着；民工还在便利店门前挂上了一块修自行车、电动车的招牌，差只螺丝，紧一下闸，来人问多少钱，他憨厚地笑笑，摇摇满是油污的大手，花点小力气，谈什么钱呀！

　　民工每天在小区里忙得像一只旋转的陀螺，虽身陷在穿西装、打领带、上班开名车的男人住家的小区里，可民工毫不自卑，依然每天兴高采烈地扛着煤气瓶上下楼，或者清洗油烟机。民工女人也是一门心思经营着不大的便利店，小到一袋酱油、一瓶醋，只要有人在高楼上伸出脑袋喊一声，她便一路笑着送上去。午后，小区里由男人们养着家的女人闲了下来，她们聚在便利店门前打起麻将或玩起牌。无人来店里买东西时，民工女人也会凑过去看热闹，但她从未羡慕过她们的生活而去埋怨自家的男人。她觉得男人这么卖力养家糊口，已是幸福至极，更何况男人把她从乡下带到城里，且让她拥有一个天天进馅的"工作"，她能不乐吗？

一天晚上，我的电动车出了故障，请民工修理。时值夏日，民工赤裸着上身为我修车，不一会儿大汗淋漓。女人忙完生意便出来，帮男人擦完汗，便一边替男人扇着风，一边帮男人递着他想要的工具。男人修好车，一抬头，发现女人正一脸汗替他收拾工具，便心疼地说："看把你累的，你憩憩吧，先冲个凉，睡一觉，明天又要忙了！"而女人此时不无关爱地说："你先喝杯啤酒降降温，你一整天比我累得多了，还是你先冲凉，要不等会儿我给你擦擦背！"

都说，贫贱夫妻百事哀，其实，对于懂得用爱、快乐和微笑经营日子的底层人们，即使生活再贫贱，他们也能把日子打点得其乐融融。听说，那对民工夫妇，不但买下了他们曾租的车库，还在小区里买了一套套间，接来了孩子在城里上学。乍一听起来，不可思议，可细一想，像他们这样懂得经营日子的人，日子过得不步步登高，那才怪呢！

（选自《读者》2007 年第 135 期）

1. 复述这段故事给别人听，时间限 1 分钟。

2. 请你结合材料的内容，简单评述这对夫妻的爱情。

3. 说一说你对"都说，贫贱夫妻百事哀，其实，对于懂得用爱、快乐和微笑经营日子的底层人们，即使生活再贫贱，他们也能把日子打点得其乐融融"这句话的理解。

五 故都的秋

一、基础知识应用

1. 下列各项中，加点字的读音全都正确的一组是（　　　）

A. 凋（diāo）谢　　　平仄（zè）　　　潭柘（tà）寺　　　落蕊（ruǐ）

B. 细腻（nì）　　　椭（tuǒ）圆　　　歧（qí）韵　　　橄榄（lǎn）

C. 文钞（chāo）　　　混（hún）沌　　　点缀（zhuì）　　　普陀（tuó）

D. 鲈（lú）鱼　　　夹（jiā）袄　　　扫（sào）帚　　　譬（pì）如

2. 依次填入下列句子画线处的词语，最恰当的一组是（　　　）

① 最好，还要在牵牛花底，教长着几根____的尖细且长的秋草，使作陪衬。

② 足见有感觉的动物、有情趣的人类，对于秋，总是一样地能特别引起深沉、幽远、____、萧索的____来的。

A. 稀稀落落　严肃　感慨　　　　　B. 疏疏朗朗　严厉　感触

C. 疏疏落落　严厉　感触　　　　　D. 疏疏落落　严肃　感叹

3. 下列各句中，加点成语使用不恰当的一项是（　　　）

A. 我的不远千里，要从杭州赶上青岛，更要从青岛赶上北平来的理由，也不过想饱尝一尝这"秋"，这故都的秋味。

B. 不单是诗人，就是被关闭在牢狱里的囚犯，到了秋天，我想也一定会感到一种不能自己的深情。

C. 季节有自己的变化规律，它总是春、夏、秋、冬，循序渐进。

D. 一个明智的人应当具有一叶知秋、举一反三的能力。

4. 下列各句中，"像"字表比喻的一项是（　　　）

A. 像花而又不是花的那一种落蕊，早晨起来，会铺得满地。

B. 北方人念阵字，总老像是层字，平平仄仄起来，这念错的歧韵，倒来得正好。

C. 或在破壁腰中，静对着像喇叭似的牵牛花（朝荣）的蓝朵，自然而然地也能感觉到十分的秋意。

D. 这秋蝉的嘶叫，在北平可和蟋蟀耗子一样，简直像是家家户户都养在家里的家虫。

5. "说到了牵牛花，我以为以蓝色或白色者为佳，紫黑色次之，淡红者最下。"对这句话分析不准确的一项是（　　　　）

A. 蓝色、白色是冷色，能表现故都之秋的"清、静、悲凉"的特点。

B. 蓝色或白色的牵牛花切合作者当时那种落寞的情怀。

C. 这是一种以情驭景、以景显情的写法。

D. 故都牵牛花以蓝色或白色者为最多。

二、阅读与表达能力训练

阅读下面的文字，完成6—8题。

还有秋雨哩，北方的秋雨，也似乎比南方下得奇，下得有味，下得更像样。

在灰沉沉的天底下，忽而来一阵凉风，便息列索落地下起雨来了。一层雨过，云渐渐地卷向了西去，天又晴了，太阳又露出脸来了；着着很厚的青布单衣或夹袄的都市闲人，咬着烟管，在雨后的斜桥影里，上桥头树底下去一立，遇见熟人，便会用了缓慢悠闲的声调，微叹着互答着地说：

"唉，天可真凉了——"（这了字念得很高，拖得很长。）

"可不是么？一层秋雨一层凉啦！"北方人念阵字，总老像是层字，平平仄仄起来，这念错的歧韵，倒来得正好。

6. 下列对文中画线句子的分析，不正确的一项是（　　　　）

A. "奇""有味""更像样"总括了北国秋雨的特征。

B. "似乎"说明作者不确定，只是猜测。

C. 这句话是近于口语的排比句。

D. 这句话充分地表达了作者对北方秋雨的赞美之情。

7. 下列各项中，与这段文字意境不相吻合的一项是（　　　）

A. 天凉好个秋

B. 秋水日潺湲

C. 秋风秋雨愁煞人

D. 秋水浅平沙

8. 作者写秋雨，为什么要写"都市闲人"？

_____

_____

六　离太阳最近的树

一、基础知识应用

1. 下列词语中，有错别字的一组是（　　　）

A. 沙砾　镂空　健硕　本末倒置　　　B. 焦炭　訇然　蕴含　盘根错节

C. 逶迤　药捻　铁锹　餐风宿露　　　D. 遒劲　苍穹　摺皱　触目惊心

2. 下列各句中，不是比喻句的一句是（　　　）

A. 它的根像一柄巨大章鱼的无数脚爪，缠附至沙丘逶迤的边缘。

B. 他唱的歌曲韵味醇厚，像新茶，像陈酒，像大地。

C. 红柳的枝叶在灶膛里像闪电一样，转眼就释放完了。

D. 一阵阵乌云从西边涌来，天好像要下雨了。

3. 下列各句中，有语病的一句是（　　　）

A. 这高原的精灵，是离太阳最近的绿树，百年才能长成小小的一蓬。

B. 水生植物之所以能够生活在水里而不腐烂，是因为它们能在水中呼吸，有抗腐烂的能力。

C. 这时需请来最有气力的男子汉，用利斧，将这活着的巨型根雕与大地最后的联系——斩断。

D. 我国鸟类工作者经过 10 多年的考察已查明，先后在贵州高原的鸟类多达

15

417 种。

4. 下列各句中，标点符号使用不正确的一句是（　　　）

A. 我以为自己听错了，高原之上，哪里有柴？！

B. 我很奇怪，红柳为什么不找个背风的地方猫着呢？

C. 没有绿色哪有生命，没有生命哪有爱情，没有爱情哪有歌声？

D. 我大惊，说红柳挖了，高原上仅有的树不就绝了吗？

5. 请把下面的句子缩成一个简单的句子（10 个字以内）。

今年可以看到去年被掘走红柳的沙丘，好像做了眼球摘除术的伤员，依旧大睁着空洞的眼睑，怒向苍穹。

二、阅读与表达能力训练

6. "金红的火焰中，每一块红柳根，都弥久地维持着盘根错节的形状，好像一颗傲然不屈的英魂。"句中运用了_____的修辞方法，其作用是_____

---

7. 下面有关课文内容的分析，正确的一项是（　　　）

A. "我"被司务长算的一笔"经济账"说服了，于是加入了挖红柳的队伍。

B. 本文主旨是赞颂红柳顽强的生命力及其为人类做出的无私贡献。

C. 作者写"我们餐风宿露"是对"我们"（砍伐红柳者）当时艰苦劳动生活的赞美与回忆。

D. 本文引发了我们对"人与自然"关系的深刻思考，人要尊重自然、保护自然，不要去破坏自然。

8. 阅读课文最后一段，以"流浪的黄沙"为题，发挥你的想象，写一篇 500字左右的记叙黄沙生活经历的文章。

七　像山那样思考

一、基础知识应用

1. 下列各组词语中，加点字的读音不同的一组是（　　　）

A. 允诺　懦弱　糯米　搦战　　　　　B. 嗥叫　蚝油　狼嚎　号哭

C. 蠕动　茹素　儒家　孺子　　　　　D. 艾蒿　缟素　藁城　槁木

2. 下列句子中，标点符号使用不正确的一句是（　　　）

A. 我们大家都在为安全、繁荣、舒适、长寿、和平静而奋斗着。

B. 我们看见一只雌鹿——当时我们是这样认为——正在涉过这条急流，它的胸部淹没在白色的水花中。

C. 于是你觉悟了：原来世界不止一个，原来你有那么多种有待探索和发现的世界。

D. 每一种活着的东西（大概还有很多死了的东西），都会留意这声呼唤。

3. 下列各句中，加点的词语使用不正确的一句是（　　　）

A. 它使那些在夜里听到狼叫，白天去察看狼的足迹的人毛骨悚然。

B. 《像山那样思考》是一篇令人痛心的哲理散文。

C. 另外还有 6 只显然是正在发育的小狼也从柳树丛中跑了出来，它们喜气洋洋地摇着尾巴，嬉戏着搅在一起。

D. 海洋、森林、河流等，都与我们的生活息息相关。

4. 对下列各句所用修辞手法的辨析，不正确的一项是（　　　）

A. 四合院是一个大盒子。（比喻）

B. 那飞溅的水花，晶莹而多芒，远望去，像一朵小小的白梅，微雨似的纷纷落下。（比喻）

C. 只有这座山长久地存在着，从而能够客观地去听取一只狼的嗥叫。（拟人）

D. 叶子出水很高，像亭亭的舞女的裙。（拟人）

5. 课文第 2 自然段，用了"对……来说，是……"的句式。请根据文意，用"对……来说，是……"的句式另造两个句子，要求句意能与上下文衔接。

二、阅读与表达能力训练

6. 在课文中找出与最后一句"这个世界的启示在荒野——这也许是狼的嗥叫中隐藏的内涵，它已被群山所理解，却还极少为人类所领悟"相呼应的句子，并分析两句句意的异同。

_____

_____

7. 下列对课文有关内容的分析，不正确的一项是（　　　）

A. 狼越少，鹿就越多，没有狼的地方就是猎人的天堂。

B. 每一种活着的东西都会对狼的嗥叫有所反应。

C. 山中失去了狼，往往会间接导致鹿群的灭亡。

D. 人类应该像山那样去思考，否则就会受到自然界的惩罚。

8. 在生活中，总会有些动物给我们人类留下深刻的印象，甚至还能与人类和谐相处，进而在品质上也会互相感染。请你举例说明。

_____

_____

9. 课文呼吁我们人类要像山那样去思考，领悟"狼的嗥叫"。请以"学会与狼共舞"为题，写一篇 500 字左右的文章，除诗歌外，文体不限。

阅读下面的文字，并回答问题。

聆听植物的心声

秦　岭

古老的印第安人有这样一个传统：他们在砍树或锯树枝之前，会做上一段祷告，以此来请求树木原谅。现在一些科学家认为，美洲土著居民的这种传统习俗，可能会成为科学家们研究植物也有语言的一种依据。

德国·波恩大学应用物理研究所在对植物进行最新声学研究后发现：人采花时，花朵会"哭泣"；人摘黄瓜时，黄瓜会"尖叫"；甚至连正常生长的水果也会发出咯咯的声音。看来现代科学的研究成果，似乎还真为民间的传说提供了佐证。不要以为植物会"说话"是一个古怪可笑的问题，法国物理学家施特恩海默说："20年前也没有人相信鲸鱼会唱歌，而现在鲸鱼的歌唱已经被破译了。"

为了探索植物语言是否真实存在，科学家们从不同的角度进行了广泛的研究，后来他们发现：当植物的叶子被昆虫咀嚼时，植物身上所发生的反应与动物抑制疼痛和创伤的神经激素的反应几乎一样。例如在虫咬叶子时，叶子便释放出一种激素，类似于动物受到伤害时释放的内啡肽。在动物身上，这些激素帮助把一种叫作花生四烯酸的化学物质转化为前列腺素；而在植物组织里，这种激素有助于亚麻酸（相当于动物身上花生四烯酸的物质）转化为茉莉酮酸，这是一种性质和前列腺素相近的化学物质。它们对待伤痛的化学反应如此相似，在植物组织表面喷洒阿司匹林式布洛芬后，就会像在动物身上喷洒此类物质一样，都能消除伤痛反应。对此，纽约州立大学植物生理学家伊恩·鲍德温说："这就是植物喊'哎哟'的方式。"植物能与邻居联络的现象屡见不鲜。在茂密的大森林里，某些植物突然感到虫咬刺痛，它会马上招呼旁边的伙伴，提防虫子。许多植物在受到伤害时，释放一种挥发性的茉莉酮酸，这是种"体味"信号，甚至在附近的植物感到虫咬之前，这种信号就开始启动附近植物的防御系统了。

槐树会产生有毒的苦味物质，一旦槐树的树叶被羚羊或长颈鹿吞食，这时，不仅仅被吃的槐树会产生这种物质，周围所有的槐树像是接到预报似的也都会争先恐后地释放出毒素。西红柿抵御甲壳虫和毛毛虫叮咬的方法与槐树相似。西红柿在遭到虫咬后会产生使其胃部受到损害和阻碍消化的物质。而且不仅仅是遭到虫咬的西红柿会做出这种反应，周围的同伴出于安全考虑，也都会做好对付害虫的准备。

　　此外，人们还发现，如果森林里一棵橡树病死或被砍伐，其周围的橡树就会互相行动起来，它们马上会结出更多的果实和种子，像是要弥补前面的损失。它们是从哪儿知道要这样做的呢？研究人员借助电极测量终于发现，被砍伐的树会产生短暂却特别高的振幅，并且在被砍伐的树木周围也同样产生相应的振幅。

　　有些科学家认为，植物之间的邻居联络也许是类似光合作用的利他主义行为，或者是受到伤害的植物自身防御反应过度引起的。德国德雷斯顿的生物物理学家魏泽教授认为，树木是通过声音来互相沟通和了解的，但由于这种声音频率很高，人耳反而听不到。而波恩大学的科学家弗兰克·朱利曼则不仅证实植物语言的存在，而且还研制出了能够探听植物语言的激光驱动麦克风。当植物叶子或根茎被切开时，植物就会发出痛苦的声音信号——在整个切面释放出乙烯气体。弗兰克·朱利曼一直在用钟形玻璃容器收集这种气体。这种气体的分子开始轰击标准激光束，然后产生振动，形成麦克风能够探听到的声波。弗兰克·朱利曼说："植物受到的压力越大，麦克风收到的声音信号就越强。"

　　还有的科学家认为，植物是通过一种能量进行相互交流的。这种能量是微弱的光，它可以被测量出来，人们甚至可以通过"剩余能量放大器"使这种光转变成可以看得见的光。不管是通过高频声音还是通过光，随着科学技术的不断发展和科学研究的不断深入，科学家们最终一定会破译植物的语言之谜。

（选自《阅读与作文》2005年第5期）

　　1. 课文《像山那样思考》中"只有这座山长久地存在着，从而能够客观地去听取一只狼的嗥叫"一句中的"听取"，与本文标题中的"聆听"都有"听"的意思，请分析两个词的异同。

———————————————————————————————————————

　　2. 人类要尊重自然，因为自然界的万事万物都是有生命的。本文的哪些内容可以证明植物也是如此？

3. 下列对文章有关内容的分析，正确的一项是（　　　）

A. 印第安人知道树也是有情感的，所以在砍树之前做祷告来请求原谅。

B. 魏泽教授认为，由于树木互相沟通的声音太小了，所以人耳反而听不到。

C. 西红柿遭虫咬后会采取"报复"措施，迅速产生一种物质攻击虫的胃部。

D. 通过研究，科学家们最终一定会破译植物的语言之谜。

第三单元

九 哦，香雪

一、基础知识应用

1. 在横线处填入恰当的内容。

《哦，香雪》是现代著名作家_____的成名作，是一篇_____浓厚的短篇小说。作者的代表作有《哦，香雪》《_____》等。

2. 下列词语中，没有错别字的一组是（   ）

A. 碾轧　　储存　　粘亲　　娇嗔

B. 短暂　　粗糙　　震颤　　推搡

C. 惆帐　　帮腔　　嘟囔　　磨蹭

D. 慷概　　分辩　　怜悯　　凛冽

3. 下列句子中，修辞手法不同于其他三句的一句是（   ）

A. 它和它的十几户乡亲，一心一意掩藏在大山那深深的皱褶里，从春到夏，从秋到冬，默默地接受着大山任意给予的温存和粗暴。

B. 它（铁轨）勇敢地盘旋在山腰，又悄悄地试探着前进，弯弯曲曲，曲曲弯弯，终于绕到台儿沟脚下，然后钻进幽暗的隧道，冲向又一道山梁，朝着神秘的远方奔去。

C. 火车停了，发出一阵沉重的叹息，像是在抱怨着台儿沟的寒冷。

D. 群山被月光笼罩着，像母亲庄严、神圣的胸脯。那被秋风吹干的一树树核桃叶，卷起来像一树树金铃铛。

4. 下列句子中，标点符号使用有误的一句是（   ）

A. 30个鸡蛋换得来吗？还是40个、50个？这时她的心又忽地一沉：怎么想起这些了？

B. 有人在开凤娇的玩笑："凤娇，你还想那个'北京话'呢？"

C. 今天，它对台儿沟表现了少有的冷漠：车窗全部紧闭着，旅客在昏黄的灯光下喝茶、看报，没有人向窗外瞥一眼。

D. 大山原来是这样的，月亮原来是这样的，核桃树原来是这样的，香雪走着，就像第一次认出养育她成人的山谷。

5. 下列对小说这一文学样式的表述，不正确的一项是（   ）

A. 小说，以刻画塑造人物形象为中心，通过故事情节的展开和对环境的具体描写，来反映社会生活，表达作者对生活的认识和作者的情感。

B. 典型的人物形象、完整的故事情节和具体的环境描写是小说的三要素。

C. 小说塑造人物的方法是多种多样的，其中运用得最多的是议论和抒情。

D. 小说通过故事情节来展示人物性格，表现中心思想。故事情节的发展一般包括开端、发展、高潮、结局四个部分。

二、阅读与表达能力训练

（一）

阅读下面的文字，完成6—8题。

香雪想快点跑过去，但腿为什么变得异常沉重？她站在枕木上，回头望着笔直的铁轨，铁轨在月亮的照耀下泛着清淡的光，它冷静地记载着香雪的路程。她忽然觉得心头一紧，不知怎么的就哭了起来，那是欢乐的泪水、满足的泪水。面对严峻而又温厚的大山，她心中升起一种从未有过的骄傲。她用手背抹净眼泪，拿下插在辫子里的那根草棍儿，然后举起铅笔盒，迎着对面的人群跑去。

山谷里突然爆发了姑娘们欢乐的呐喊，她们叫着香雪的名字，声音是那样奔放、热烈；她们笑着，笑得是那样不加掩饰，无所顾忌。古老的群山终于被感动得战栗了，它发出洪亮低沉的回音，和她们共同欢呼着。

6. 对香雪换铅笔盒的原因，分析不准确的一项是（   ）

A. 香雪想得到铅笔盒，并为此走了30里夜路，可见这个铅笔盒不仅是一个实物，它也是一种象征。

B. 铅笔盒跟火车一样，是文化和知识的象征，是现代文明的象征。对香雪来说，就像黑夜中一盏闪亮的灯，照着她在追求知识、追求文明的道路上勇敢前进。

C. 香雪对铅笔盒的向往，就是对文明的向往，能够主动追求文明和进步，才是她身上智慧因素的觉醒。

D. 香雪执意要换铅笔盒是因为她是台儿沟唯一考上初中的人，她爱学习。

7. 对香雪"举起铅笔盒，迎着对面的人群跑去"的原因，分析正确的一项是（　　）

A. 表现了香雪为摆脱封闭、愚昧和落后，走向开放、文明与进步的痛苦与喜悦。

B. 表现了香雪的朋友们都很关心香雪是否得到铅笔盒，她要在第一时间将好消息告诉朋友们。

C. 表现了香雪的强烈的自尊心，公社中学的同学们不会再嘲笑她了。

D. 表现了香雪对铅笔盒的无比喜爱，她终于不畏艰难得到了她梦寐以求的铅笔盒了。

8. 对下列句子所用修辞手法的辨析，正确的一项是（　　　　）

A. "她用手背抹净眼泪，拿下插在辫子里的那根草棍儿"一句中的"草棍儿"是借代的修辞手法，代指香雪的农村女孩身份。

B. "古老的群山终于被感动得战栗了，它发出洪亮低沉的回音，和她们共同欢呼着"一句，"被感动得战栗"是拟人兼双关的修辞手法，一方面指姑娘们的声音在群山间回荡；另一方面暗指古老的大山终于慢慢被这现代文明唤醒，共同欢呼文明时代的到来。

C. "她们叫着香雪的名字，声音是那样奔放、热烈；她们笑着，笑得是那样不加掩饰、无所顾忌"一句运用了排比的修辞手法。

D. "铁轨在月亮的照耀下泛着清淡的光，它冷静地记载着香雪的路程"一句运用了拟人的修辞手法。

（二）

阅读下面的文字，完成9—13题。

高贵的施舍

杨汉光

一个乞丐来到我家门口，向母亲乞讨。这个乞丐很可怜，他的右手连同整条手臂断掉了，空空的袖子晃荡着，让人看了很难受。我以为母亲一定会慷慨施舍的，可是母亲却指着门前一堆砖对乞丐说："你帮我把这堆砖搬到屋后去吧。"

乞丐生气地说："我只有一只手，你还忍心叫我搬砖。不愿意给就不给，何必刁难我！"

母亲不生气，俯身搬起砖来。她故意只用一只手搬，搬了一趟才说："你看，一只手也能干活。我能干，你为什么不能干呢？"

乞丐怔住了，他用异样的目光看着母亲，尖突的喉结像一枚橄榄上下滑动两下，终于俯下身子，用他唯一的一只手搬起砖来，一次只能搬两块。他整整搬了两个小时，才把砖搬完，累得气喘如牛，脸上有很多灰尘，几绺乱发被汗水濡湿了，斜贴在额头上。

母亲递给乞丐一条雪白的毛巾。

乞丐接过去，很仔细地把脸面和脖子擦一遍，白毛巾变成了黑毛巾。

母亲又递给乞丐20元钱。乞丐一只手接过钱，很感激地说："谢谢你。"

母亲说："你不用谢我，这是你自己凭力气挣的工钱。"

乞丐说："我不会忘记你的。"对母亲深深地鞠了一躬，就上路了。

过了很多天，又有一个乞丐来到我家门前，向母亲乞讨。母亲让乞丐把屋后的砖搬到屋前，照样给他20元钱。

我不解地问母亲："上次你叫乞丐把砖从屋前搬到屋后，这次你又叫乞丐把砖从屋后搬到屋前。你到底想把砖放在屋后，还是放在屋前？"

母亲说："这堆砖放在屋前和放在屋后都一样。"

我嘟着嘴说："那就不要搬了。"

母亲摸摸我的头说："对乞丐来说，搬砖和不搬砖可就大不相同了。"

此后还来过几个乞丐，我家那堆砖就被屋前屋后地搬来搬去。

几年后，有个很体面的人来到我家。他西装革履，气度不凡，跟电视上那些大老板一模一样。美中不足的是，这个老板只有一只左手，右边是一条空空的衣袖，一荡一荡的。

老板用一只独手握住母亲的手，俯下身说："如果没有你，我现在还是个乞丐；因为当年你教我搬砖，今天我才能成为一家公司的董事长。"

母亲说："这是你自己干出来的。"

独臂的董事长要把母亲连同我们一家人迁到城里去住，做城市人，过好日子。

母亲说："我们不能接受你的照顾。"

"为什么？"

"因为我们一家人个个都有两只手。"

董事长坚持说："我已经替你们买好房子了。"

母亲笑一笑说："那你就把房子送给连一只手都没有的人吧。"

（选自《中学语文》2000年第6期）

9. 文章写了母亲对待第一个乞丐的三个行为，请用横线画出来，说说你最欣赏哪个行为，并说出你的依据。

_____

_____

10. 第4自然段运用的描写方法主要有_____、_____。

11. 你认为文中的主人公是（　　　）

A. 乞丐　　　B. 母亲　　　C. 我

12. 文章为何又写"过了很多天，又有一个乞丐来到我家门前，向母亲乞讨。母亲让乞丐把屋后的砖搬到屋前，照样给他20元钱"，这样写是否多余？

_____

_____

13. 母亲的施舍为什么是高贵的？母亲的施舍带来的结果是什么？

_____

_____

14. 开学伊始，新生举行以"亮出你的风采"为主题的班会，要求每位同学做一次自我介绍。请你为自己设计一个口头介绍。

要求：

① 礼貌得体。

② 自我介绍的内容应重点突出、详略得当，尽可能别致新颖。

③ 用语力求幽默诙谐，展示自己的个性风采。

十　项　　链

一、基础知识应用

1. 根据课文内容填空。

（1）《项链》这篇小说一开始交代了＿＿＿＿＿＿＿＿＿＿＿＿＿＿＿＿＿＿，是小说的序幕部分。小说的开端是＿＿＿＿＿＿＿＿＿＿＿＿＿＿＿＿＿＿，小说的发展部分是＿＿＿＿＿＿＿＿＿＿＿＿＿＿，小说的高潮也就是小说的结尾：玛蒂尔德丢失的项链原来是假的，最多值 500 法郎。

（2）选择恰当的词填空。

A. 住宅的寒伧、墙壁的黯淡、家具的＿＿＿＿＿＿＿＿（陈旧、破烂、破旧）、衣料的粗陋，都使她苦恼。

B. 她跟最＿＿＿＿＿＿＿＿（亲密、亲切、亲爱）的男朋友闲谈，或者跟那些一般女人所最仰慕最乐于结识的男子闲谈。

C. 这种车，巴黎只有夜间才看得见；白天，它们好像＿＿＿＿＿＿＿＿（感到羞愧、自惭形秽、惭愧羞涩），不出来。

D. 玛蒂尔德不像她丈夫预料的那样高兴，她懊恼地把请柬＿＿＿＿（扔、放、丢）在桌上。

2. 下列词语中，有两个错别字的一组是（　　　）

A. 佳肴　帏帐　鲈鱼　晚餐　　　　B. 赔偿　颈项　润湿　请柬

C. 矫媚　捡省　衣褶　陶醉　　　　D. 玫瑰　难堪　烦闷　犹豫

3. 对下列词语的解释，不正确的一项是（　　　）

A．风韵：优美的态度。　　　　　B．艳羡：十分羡慕。

C．寒伧：同“寒碜”，丢脸，不体面。　D．资质：人的素质。

4．小说最后才道出项链是假的，对这样结尾的深刻意义分析正确的一项是（　　）

A．证明一件偶然的小事使玛蒂尔德吃尽苦头。

B．揭露佛来思节夫人一伙的虚荣心理，致使玛蒂尔德上当受骗。

C．深化了主题，既嘲讽了玛蒂尔德的虚荣心理，又对她寄予深刻的同情。

D．掀起波澜，揭露资产阶级社会的丑恶行径和虚伪，教育人们谨防上当。

5．判断下列说法的正误，对的打“√”，错的打“×”。

A．莫泊桑是19世纪法国杰出的批判现实主义作家，世界著名的短篇小说大师。（　　）

B．小说以项链为线索，通过借项链、丢项链、赔项链等情节展开故事。（　　）

C．崇尚虚荣、羡慕豪华生活的心理是造成玛蒂尔德生活悲剧的唯一原因。（　　）

D．在10年劳苦的生活中，玛蒂尔德还念念不忘那个曾让她风光一时的舞会，说明她的虚荣心根深蒂固。（　　）

二、阅读与表达能力训练

（一）

阅读下面的文字，完成6—8题。

佛来思节夫人停下脚步，说：

“你是说你买了一挂钻石项链赔我吗？”

“对呀。你当时没有看出来？简直是一模一样的啊。”

于是她带着天真的得意的神情笑了。

佛来思节夫人感动极了，抓住她的双手，说：

“唉！_____！可是我那一挂是假的，至多值500法郎！……”

6．下列各项中，填在横线处最恰当的一项是（　　）

A. 可怜的玛蒂尔德   B. 可怜的我的玛蒂尔德

C. 我可怜的玛蒂尔德   D. 多么可怜的玛蒂尔德

7. 玛蒂尔德显出"得意的神情"的原因是（   ）

A. 她没有被灾难压倒，凭自己的力量还清巨款，她的"得意"不无自豪之感，显示出她自己还是有能力的。

B. 她为自己终于苦尽甘来而感到得意。

C. 她为自己今天终于能在佛来思节夫人面前扬眉吐气而得意。

D.10 年的苦难磨炼了她，她终于战胜了自我，不再存非分之想，为能安定地过日子感到欣慰、得意。

8. 小说的讽刺色彩很浓，有力地深化了主题。如点明项链是假的这一情节，作者有意安排在最后展开，这其实是以喜衬悲，很富有讽刺意味的一笔。从选段中再找出类似的描写，简述其表达效果。

_____

_____

（二）

阅读下面的文字，完成 9—11 题。

她先看了几副镯子，又看了一挂珍珠项圈，随后又看了一个威尼斯式的镶着宝石的金十字架，做工非常精巧。她在镜子前边试这些首饰，_____，不知道该拿起哪件，放下哪件。她不断地问着：

"再没有别的了吗？"

"还有呢。你自己找吧，我不知道哪样合你的意。"

忽然她在一个青缎子盒子里发现一挂精美的钻石项链，她高兴得心也跳起来了。她双手拿着那项链发抖。她把项链绕着脖子挂在她那长长的高领上，站在镜前对着自己的影子出神好半天。

随后，她迟疑而焦急地问：

"你能借给我这件吗？我只借这一件。"

"当然可以。"

她跳起来，搂住朋友的脖子，狂热地亲她，接着就带着这件宝物跑了。

9. 文中_____处应填入的词语是（   ）

A. 挑三拣四   B. 犹豫不决

C. 慢慢悠悠   D. 坚定不移

10. 画线句子运用的描写人物的方法是_____；刻画的人物的心态是_____。

11. 对"我只借这一件"的理解：_____。

十一 荷 花 淀

一、基础知识应用

1. 根据课文内容填空。

（1）《荷花淀》这篇小说描绘了白洋淀人民的斗争生活，突出了_____在抗敌斗争中表现的思想境界及_____，深刻地反映了抗日根据地人民的_____精神。

（2）小说反映的是残酷的战争年代，但作品描绘的背景不是残垣断壁、血流尸横，而是明月清风、银白的湖水、粉色的荷花……白洋淀美丽的波光水色。这样写是为了表现人物对_____的热爱，对_____的痛恨。

2. 下列词语中，加点字的注音完全正确的一组是（   ）

A. 缠绞（jiǎo）   柔滑（huá）   精致（zhì）   气喘（chuǎn）

B. 包裹（guǒ）   晌（shàng）午   告辞（cí）   脱缰（jiāng）

C. 菱（léng）角   怨（yuàn）恨   穿梭（suō）   监（jiān）视

D. 吆（yāo）喝   抵挡（dǎng）   凫（fú）水   横（héng）样子

3. 选择恰当的词语填空。

A. 苇眉子又薄又细，在她怀里_____（跳动、跳跃、乱动）着。

B. 女人看出他笑得_____（不像平常、不平常、奇怪），"怎么了，你？"

　　C. 你明白家里的＿＿＿＿＿＿＿（困难、难处、辛苦）就好了。

　　D. 最后，努力地一摇，小船＿＿＿＿＿（摇、窜、飞）进了荷花淀。

　　4. 下列各句中，标点符号使用有错误的一句是（　　　）

　　A. 她们轻轻划着船，船两旁的水，哗，哗，哗。

　　B. 这几个青年妇女咬紧牙、制止住心跳，摇橹的手并没有慌，水在两旁大声地哗哗，哗哗，哗哗哗！

　　C. 可慌哩！比什么也慌，比过新年，娶新——也没见他这么慌过！

　　D. 要问白洋淀有多少苇地？不知道。每年出多少苇子？不知道。

　　5. 下列句子中，没有使用修辞手法的一句是（　　　）

　　A. 战士们的三只小船就奔着东南方向，箭一样飞去，不久就消失在中午水面上的烟波里。

　　B. "出来吧，你们！"好像带着很大的气。

　　C. 小船活像离开了水皮的一条打跳的梭鱼。

　　D. 苇眉子又薄又细，在她怀里跳跃着。

二、阅读与表达能力训练

（一）

　　阅读下面的文字，完成6—8题。

　　她们奔着那不知道有几亩大小的荷花淀去，那一望无边际的密密层层的大荷叶，迎着阳光舒展开，就像铜墙铁壁一样。粉色荷花箭高高地挺出来，是监视白洋淀的哨兵吧！

　　6. 加点的词暗示了后面要发生＿＿＿＿＿，用了＿＿＿＿＿＿的修辞手法。

　　女人就又坐在席子上。她望着丈夫的脸，她看出他的脸有些红涨，说话也有些气喘。她问："他们几个呢？"

　　7. 水生心里想的事情是＿＿＿＿＿＿＿＿＿＿＿＿＿＿＿＿＿＿＿＿＿

　　水生嫂仔细观察水生的原因是＿＿＿＿＿＿＿＿＿＿＿＿＿＿＿＿＿

　　月亮升起来，院子里凉爽得很，干净得很。……这女人编着席。不久，在她的身子下面就编成了一大片。她像坐在一片洁白的雪地上，也像坐在一片洁白的云彩上。她有时望望淀里，淀里也是一片银白世界。水面笼起一层薄薄透明的雾，风吹过来，带着新鲜的荷叶荷花香。

8. 这段景物描写渲染出一种_____的氛围，烘托出水生嫂_____的形象，同时也为后面情节的展开起到了_____的作用。

（二）

阅读下面的文字，完成9—13题。

庄稼地里的老母亲

彭学明

① 母亲又在刨地了。从早到晚，母亲总是这样在地里忙碌着。地里的苞谷秆已蹿起一人多高，嫩绿的叶片闪着油光交错摇曳。泥土及苞谷花的气息从地里爆裂出来，淡淡的清香，直沁肺腑。一只肥黄的狗，几头雪白的羊，还有几十只灰红的蜻蜓，团结在母亲的周围，活活蹦蹦的，荡漾着生命的气息。

② 五月，地里那些低贱的草本植物总是疯长起来，像日本鬼子"米西米西"地围攻庄稼。这是敌人，庄稼的敌人，母亲的敌人，母亲得手起锄落，把它们除掉。猫了腰，低了头，母亲手里的锄铲"噗噗噗噗"地翻了一溜泥烟，本就稀落的杂草，纷纷倒出一条路来。清晨的风起了，把苞谷叶拱得飒飒摆动。一只阳雀高叫着，从地头訇然飞起，美丽的颜色在空中格外耀眼。远山、近溪、村落、太阳、血红的霞光、淡白的炊烟、排队的牛群、唱歌的孩子……都在母亲的视野里，显出一种温柔的情调。母亲在这样的境界里刨地，就像在我们的书本里刨诗，那躺在课本里被我们读了又读的"锄禾日当午，汗滴禾下土。谁知盘中餐，粒粒皆辛苦"，仿佛不是唐代某位诗人所作，而是母亲所为。母亲，是站在庄稼地里最为朴素最为动人的诗人。

③ 那年，农村实行责任制，田土到户。本来已跟我们住在城里的母亲，硬是不顾我们的阻拦，独自跑到乡下要了一亩田两亩地半坡荒山。那阵子，她高兴得一连几天吃不好饭睡不好觉，没日没夜地在田地里转。一趟两趟，一天两

天，竟转出一把一把的老泪。鞋印蹒跚着，像朵花，开在田边地角。母亲托人写信说："我一辈子没得肥田肥土，现在有了，托邓小平的福……这些都是为你们种的，是一份家业，我要一把老骨头守着。"我们看了不禁黯然神伤。

④ 母亲16岁就嫁到我们这个家族里来了。结婚几年，父亲就死了，母亲从此几乎过着沦为乞丐的生活。而我们在母亲的泪水与屈辱的喂养下一天天长大。长成了花，花与别人一般香艳；长成了树，树与别人一般粗壮。我们都成了有出息的儿女。

⑤ 可是母亲，似乎生就的土命，她还没有好好地享受这种儿孙满堂的天伦之乐，就回到庄稼地里，培植、浇灌和延续对土地的感情。

⑥ 站在庄稼地里，母亲像一只停落的瘦鸟，飞遍海角天涯后，又找到了这块赖以生存的土地。那种对土地的执着与热爱愈来愈牢不可破。母亲常说："再贱的草也有离不开的根！"因此，在儿女长大后，母亲唯一的愿望，就是加倍地用汗水和生命喂养这块土地。每年，母亲都站在春光枝头，用犁头跟土地对话，用种子跟土地同眠。长出了庄稼，庄稼是绿色的；长出了绿色，绿色是希望的；长出了希望，希望是永恒的。顶着夏日的辣热，母亲双手的剪子在田地里又修又剪，皮破了，茧老了，汗干了，手粗了。整个夏天秀发飞动，翠生生地漂亮起来了：绿的裙子、黄的地毯，辣椒、南瓜、茄子、稻谷、小米、葡萄，都像一张张剪纸贴满了田间地头、坡上垅上。秋日的阳光跟在母亲身后，啃着泥土，吃着青草，舔着庄稼。母亲挽起裤脚，走进庄稼地里收割庄稼。庄稼风起云涌，一派金黄的水浪，母亲是穿行水浪的一条鱼或船，所到之处，水浪一排排倒下。庄稼地里的庄稼活，是一件质地优良的民间工艺，母亲是这工艺的传人。

⑦ 终于，母亲不能下地了。劳动的艰辛，使母亲日见衰老，母亲却无论如何不愿接受自然给予生命的败落，硬撑着在地里来回逡巡。再也不能背苞谷下山、割谷子进仓了，母亲就挂一拐杖，上上下下在地里捡散落的稻穗，找遗漏的苞谷棒子。

⑧ 土地——是母亲生命的根。

⑨ 母亲，在以一种精神，喂养她的儿女们。

（选自《新华文摘》1996年第3期，有改动）

9. 对第1、2自然段中景物描写的作用，分析不正确的一项是（　　　）

A. 表现了母亲劳动时的优美环境。　　B. 表现了母亲劳动的伟大意义。

C. 烘托了母亲劳动时的愉快心情。　　D. 衬托了在地里劳动的母亲的伟大形象。

10. 对第3—5自然段的叙述方式及其作用，分析正确的一项是（　　）

A. 顺叙，突出了母亲要为儿女们创一份家业的决心，表现母亲对儿女的真挚的爱。

B. 顺叙，突出了母亲分到责任田的高兴心情，歌颂改革开放的政策。

C. 插叙，突出了母亲分到责任田的激动心情，表现母亲对土地的深厚感情。

D. 插叙，突出了母亲要为儿女创一份家业的愿望，批判母亲落后的小农思想。

11. 对第6自然段表现手法和内容的分析，正确的一项是（　　）

A. 运用比拟、排比、顶真等修辞手法，描绘了母亲高超的劳动技术，说明母亲是庄稼工艺的传人。

B. 运用夹叙夹议的手法，表现了母亲对土地的执着与热爱。

C. 运用比喻、排比、顶真、拟人等修辞手法，描绘了母亲高超的劳动技术与高尚的情操。

D. 运用记叙、议论、抒情相结合的手法，表现了母亲加倍用汗水和生命喂养这块土地的情景。

12. 下列各句中，修辞手法的使用与其他三句不同的一句是（　　）

A. 鞋印蹒跚着，像花朵，开在田边地角。

B. 而我们在母亲的泪水与屈辱的喂养下一天天长大。长成了花，花与别人一般香艳；长成了树，树与别人一般粗壮。

C. 每年，母亲都站在春光枝头，用犁头跟土地对话，用种子跟土地同眠。

D. 庄稼风起云涌，一派金黄的水浪，母亲是穿行水浪的一条鱼或船。

13. "母亲，在以一种精神，喂养着她的儿女们"中的"一种精神"是什么？请用四个四字短语概括。

_____

14. 下面这段话极简洁地勾画出了水生的形象。请仿照这种写法描写一个人，使人一目了然地看出这个人的年龄、性格、职业特点、特长爱好、生活状况等。

这年轻人不过二十五六岁，头戴一顶大草帽，上身穿一件洁白的小褂，黑单裤卷过了膝盖，光着脚。他叫水生，小苇庄的游击组长，党的负责人。

拓展延伸

（一）

阅读下面的文字，并回答1—6题。

窃读记（节选）

林海音

① 转过街角，看见饭店的招牌，闻见炒菜的香味，听见锅勺敲打的声音，我放慢了脚步。放学后急匆匆地赶到这里，目的地可不是饭店，而是紧邻它的一家书店。

② 我边走边想："昨天读到什么地方了？那本书放在哪里？左边第三排，不错……"走到门口，便看见书店里仍像往日一样挤满了顾客。我可以安心了。但我又担忧那本书会不会卖光了，因为一连几天都看见有人买，昨天好像只剩下一两本了。

③ 我跨进店门，暗喜没人注意。我踮着脚尖，从大人的腋下钻过去。哟，把短头发弄乱了，没关系，我总算挤到里边来了。在一排排花花绿绿的书里，我的眼睛急切地寻找，却找不到那本书。从头来，再找一遍。啊！它在这里，原来不在昨天的地方了。

④ 急忙打开书，一页、两页，我像一匹饿狼，贪婪地读着。我很快乐，也很惧怕——这种窃读的滋味！

⑤ 我害怕被书店老板发现，每当我觉得当时的环境已不适宜再读下去的时

候，我会知趣地放下书走出去，再走进另一家。有时，一本书要到几家书店才能读完。

⑥ 我喜欢到顾客多的书店，因为那样不会被人注意。进来看书的人虽然很多，但是像我这样常常光顾而从不购买的，恐怕没有。因此我要把自己隐藏起来。有时我会贴在一个大人的身边，仿佛我是他的小妹妹或小女儿。

⑦ 最令人开心的是下雨天，越是倾盆大雨我越高兴，因为那时我便有充足的理由在书店待下去。就像在屋檐下躲雨，你总不好意思赶我走吧！我有时还要装着皱起眉头，不时望着街心，好像说："这雨，害得我回不去了。"其实，我的心里却高兴地喊着："大些！再大些！"

⑧ 当饭店飘来一阵阵菜香时，我已饥肠辘辘，那时我也不免要做白日梦：如果口袋里有钱该多好！去吃一碗热热的面条，回到这里时，已经有人给摆上一张沙发，坐上去舒舒服服地接着看。我的腿真酸哪，不得不交替着用一条腿支撑着，有时又靠在书柜旁，以求暂时的休息。

⑨ 每当书店的日光灯忽地亮起来，我才发觉已经站在这里读了两个多钟头了。我合上书，咽了一口唾沫，好像把所有的智慧都吞下去了，然后才依依不舍地把书放回书架。

⑩ 我低着头走出书店，脚站得有些麻木，我却浑身轻松。这时，我总会想起老师鼓励我们的话："记住，你们是吃饭长大的，也是读书长大的！"

1. "我"在什么地方读书？在那里读书的不便之处是什么？

_____

_____

_____

2. 对下列句子含义的分析，不正确的一项是（   ）

A. "急忙打开书，一页，两页，我像一匹饿狼，贪婪地读着。""贪婪"是指贪得无厌，没有满足的时候。这句话以一个极其生动形象的比喻，将满怀读书渴望的"我"比作一匹饿狼，一页页贪婪地阅读，犹如饿狼扑食。写出了"我"强烈的求知欲和对读书的渴望。与高尔基的名言有异曲同工之妙。

B. "我有时还要装着皱起眉头，不时望着街心，好像说：'这雨，害得我回不去了。'其实，我的心里却高兴地喊着：'大些！再大些！'"这句话通过肖像描写和语言描写，写出了“我”为雨天能够有个充足的理由读书而高兴无比，更加表现出了“我”对读书的喜爱。

C. “我合上书，咽了一口唾沫，好像把所有的智慧都吞下去了，然后才依依不舍地把书放回书架。”作者用“咽了一口唾沫”这样一个动作，写出了此时的“我”尽管是腿酸脚麻、饥肠辘辘，却在两个多钟头的饱读之后有一种满足感、充实感。这种窃读犹如一次精神的盛宴，收获了知识和智慧。

D. “这时，我总会想起老师鼓励我们的话：‘记住，你们是吃饭长大的，也是读书长大的！’”“吃饭长大”指的是身体的物质需求，“读书长大”则是指精神的成长、心灵的成长。粮食哺育的是身体，而书籍哺育的是灵魂。一个身体与智慧不断增长的人，才是一个真正健康成长起来的人。

3. 对下列加点字的注音和词语的释义，全都正确的一项是 （　　　）

A. 贪婪（lán）　　适宜：适合、相宜。文中指在书店人多，无人注意到“我”的这种环境与“我”只读不买的窃读行为相适合。

B. 踮（diàn）着脚尖　　知趣：知道好歹，不惹人讨厌。这里指知道常常这样只读不买是惹人讨厌的，每当感觉到书店里店员态度变化时，“我”就会放下书离开。

C. 饥肠辘辘（gū gū）　　饥肠辘辘：饥饿得肚子发出肠鸣音。

D. 腋（yè）下　　白日梦：比喻不能实现的胡思乱想。文中是说作者在饿着肚子站着苦读时，也幻想着能够有钱；而有钱也不过是能吃上一碗面条，再坐下来舒服地读书。这种最简单的需求对一个穷学生来说像“白日梦”一样不可能实现。

4. 体会“我很快乐，也很惧怕——这种窃读的滋味！”这句话的含义。

_____

_____

5. 从文中第 3 自然段找出两处描写动作的句子。

_____

_____

6. 从文中找出三处描写心理活动的句子。

_____

（二）

阅读下面的文字，并回答7—10题。

关于父亲的故事（节选）

范春歌

① 我读高中的时候，有一年校园翻建校舍。下课后趴在教室的走廊上观看工人们忙碌地盖房子，成为我在枯燥的校园生活中最开心的事。班上的同学渐渐注意到，工程队里有一位满身泥浆的工匠常常来到教室外面，趴在窗台上专注地打量我们，后来又发现，他热切的目光似乎只盯着前排座位上的一个女孩子。还有人发现，他还悄悄地给她手里塞过两只热气腾腾的包子。

② 这个发现使全班轰动了，大家纷纷询问那个女孩子，工匠是她家什么人。女孩红着脸说，那是她家的一个老街坊，她继而恼怒地埋怨道："这个人实在讨嫌！"声称让她的已经参加工作的哥哥来教训他。大家觉得这个事情很严重，很快报告了老师，但从老师那里得到的消息更令人吃惊，那位浑身泥浆的男人是她的父亲。继而，又有同学打听到，她的父亲很晚才有了她这个女儿，这次随工程队到学校来盖房子，不知有多高兴。每天上班，单位发两个肉包子作早餐，他自己舍不得吃，天冷担心包子凉了，总是揣在怀里偷偷地塞给她。为了多看一眼女儿上课时的情景，他常常从脚手架上溜下来躲在窗口张望，没少挨领导的训。但她却担心同学们知道父亲是个建筑工太丢面子。

③ 工期依然进行着。有一天同学们正在走廊上玩耍，工匠突然跑过来大声地喊着他女儿的名字，这个女同学的脸色骤然变得铁青，转身就跑。工匠在后面追，她停下来冲着他直跺脚："你给我滚！"工匠仿佛遭到雷击似的呆在原地，两行泪从他水泥般青灰的脸上滑下来，少顷，他扬起了手，我们以为接下来将会有一个响亮的耳光从女孩的脸上响起。但是，响亮的声音却发自父亲的脸上，他用手猛地扇向了自己。老师恰恰从走廊上经过，也被这一幕骇住了，当她扶住这位已经

跟跟跄跄的工匠时，工匠哭道："我在大伙面前丢人了，我丢人是因为生出这样的女儿！"

④ 那天女孩没有上课，跟她父亲回家了，父亲找女儿就是来告诉她，母亲突然发病。

⑤ 不知为什么，那年翻修校园的工期特别长。工匠再也没有出现在校园里，女孩也是如此，她一学期没有念完就休学了。我在街上偶然遇见了工匠，他仍然在帮别人盖房子，但人显得非常苍老，虽然身上没有背一块砖，但腰却佝偻着，仿佛背负着一幢水泥楼似的。

⑥ 儿女对父亲的伤害是最沉重的，也最彻底，它可以让人们眼中一个大山般坚强的男人轰然倒地。同样的道理，儿女的爱和尊重，能让一个被视为草芥的父亲像山一般挺立。

7. 作者描述这段故事时，运用了语言、动作、外貌和心理描写等多种手法，使得人物形象真实可信。下列句子使用了什么描写手法？

（1）她继而恼怒地埋怨道："这个人实在讨嫌！"　　　　　　　描写

（2）为了多看一眼女儿上课时的情景，常常从脚手架上溜下来躲在窗口张望，没少挨领导的训。　　　　　　　描写

8. 这则故事展示了一位吃苦耐劳、悉心照顾女儿的慈父形象。从哪些细节中可以看出父亲对女儿的关爱？至少列出两点。你觉得这样的关爱对吗？

_____

_____

9. 第5自然段中工匠"虽然身上没有背一块砖，但腰却佝偻着，仿佛背负着一幢水泥楼似的"，这句话是什么意思？

_____

10. 作者为什么说"儿女对父亲的伤害是最沉重的，也最彻底"？

_____

第四单元

十三 改造我们的学习

一、基础知识应用

1. 给下列加点字注音。

谆（ ）谆告诫　　　盛气凌（ ）人　　　置之度（ ）外　　　有的
放矢（ ）

钦差（ ）大臣　　　生吞活剥（ ）　　　面面相觑（ ）　　　弥
（ ）天大罪

2. 解释下列加点的字。

华而不实_____　　　前仆后继_____

有的放矢_____　　　谬种流传_____

3. 填入下面句子横线处的词语，正确的一组是（ ）

_____，上面我所说的是我们党里的极坏的典型，不是说普遍如此。_____
确实存在着这种典型，_____为数相当地多，为害相当地大，_____等闲视之的。

A. 不过　即使　因为　不能

B. 当然　但是　而且　不可

C. 因此　如果　而且　不可

D. 总之　虽然　或许　岂能

4. 对下面句子之间关系的分析，正确的一项是（ ）

① 如果不纠正这类缺点，② 就无法使我们的工作更进一步，③ 就无法使我
们在将马克思列宁主义的普遍真理和中国革命的具体实践互相结合的伟大事业中
更进一步。

A.①/②//③   B.①/②//③   C.①/②//③   D.①/②//③

  假设 递进   假设 并列   假设 因果   假设 承接

5. 对下列句子的排序，正确的一项是（　　　）

① 虽则有少数党员和少数党的同情者曾经进行了这一工作，但是不曾有组织地进行过。

② 认真地研究现状的空气是不浓厚的，认真地研究历史的空气也是不浓厚的。

③ 不论是近百年的和古代的中国史，在许多党员的心目中还是漆黑一团。

④ 许多马克思列宁主义的学者也是言必称希腊，对于自己的祖宗，则对不住，忘记了。

A.①③④②   B.③④②①   C.④①③②   D.②③④①

二、阅读与表达能力训练

阅读下面的文字，完成6—12题。

（一）

中国共产党的二十年，就是马克思列宁主义的普遍真理和中国革命的具体实践日益结合的二十年。如果我们回想一下，我党在幼年时期，我们对于马克思列宁主义的认识和对于中国革命的认识是何等肤浅，何等贫乏，则现在我们对于这些的认识是深刻得多，丰富得多了。灾难深重的中华民族，一百年来，其优秀人物奋斗牺牲，前仆后继，摸索救国救民的真理，是可歌可泣的。但是直到第一次世界大战和俄国十月革命之后，才找到马克思列宁主义这个最好的真理，作为解放我们民族的最好的武器，而中国共产党则是拿起这个武器的倡导者、宣传者和组织者。马克思列宁主义的普遍真理一经和中国革命的具体实践相结合，就使中国革命的面目为之一新。抗日战争以来，我党根据马克思列宁主义的普遍真理研究抗日战争的具体实践，研究今天的中国和世界，是进一步了，研究中国历史也有某些开始。所有这些，都是很好的现象。

6. 节选文字的中心观点是哪一句？在文中用横线画出来。

7. 节选文字中画线句子用了什么修辞手法？有什么表达效果？

8. 节选文字列出了中国共产党在哪几个时期的摸索和掌握真理的过程？有什么作用？

<hr>

<hr>

（二）

为了反复地说明这个意思，我想将两种互相对立的态度对照地讲一下。

第一种：主观主义的态度。

在这种态度下，就是对周围环境不作系统的周密的研究，单凭主观热情去工作，对于中国今天的面目若明若暗。在这种态度下，就是割断历史，只懂得希腊，不懂得中国，对于中国昨天和前天的面目漆黑一团。在这种态度下，就是抽象地无目的地去研究马克思列宁主义的理论。不是为了要解决中国革命的理论问题、策略问题而到马克思、恩格斯、列宁、斯大林那里找立场，找观点，找方法，而是为了单纯地学理论而去学理论。不是有的放矢，而是无的放矢。马克思、恩格斯、列宁、斯大林教导我们说：应当从客观存在着的实际事物出发，从其中引出规律，作为我们行动的向导。为此目的，就要像马克思所说的详细地占有材料，加以科学的分析和综合的研究。我们的许多人却是相反，不去这样做。其中许多人是做研究工作的，但是他们对于研究今天的中国的昨天的中国一概无兴趣，只把兴趣放在脱离实际的空洞的"理论"研究上。许多人是做实际工作的，他们也不注意客观情况的研究，往往单凭热情，把感想当政策。这两种人都凭主观，忽视客观实际事物的存在。或作讲演，则甲乙丙丁、一二三四的一大串；或作文章，则夸夸其谈的一大篇。无实事求是之意，有哗众取宠之心。华而不实，脆而不坚。自以为是，老子天下第一，"钦差大臣"满天飞。这就是我们队伍中若干同志的作风。这种作风，拿了律己，则害了自己；拿了教人，则害了别人；拿了指导革命，则害了革命。总之，这种反科学的反马克思列宁主义的主观主义的方法，是共产党的大敌，是工人阶级的大敌，是人民的大敌，是民族的大敌，是党性不纯的一种表现。大敌当前，我们有打倒它的必要。只有打倒了主观主义，马克思列宁主义的真理才会抬头，党性才会巩固，革命才会胜利。我们应当说，没有科学的态度，即没有马克思列宁主义的理论和实践统一的态度，就叫做没有党性，或叫做党性不完全。

有一副对子，是替这种人画像的。那对子说：

墙上芦苇，头重脚轻根底浅；

山间竹笋，嘴尖皮厚腹中空。

对于没有科学态度的人，对于只知背诵马克思、恩格斯、列宁、斯大林著作中的若干词句的人，对于徒有虚名并无实学的人，你们看，像不像？如果有人真正想诊治自己的毛病的话，我劝他把这副对子记下来；或者再勇敢一点，把它贴在自己房子里的墙壁上。马克思列宁主义是科学，科学是老老实实的学问，任何一点调皮都是不行的。我们还是老实一点吧！

第二种：马克思列宁主义的态度。

在这种态度下，就是应用马克思列宁主义的理论和方法，对周围环境作系统的周密的调查和研究。不是单凭热情去工作，而是如同斯大林所说的那样：把革命气概和实际精神结合起来。在这种态度下，就是不要割断历史。不单是懂得希腊就行了，还要懂得中国；不但要懂得外国革命史，还要懂得中国革命史；不但要懂得中国的今天，还要懂得中国的昨天和前天。在这种态度下，就是要有目的地去研究马克思列宁主义的理论，要使马克思列宁主义的理论和中国革命的实际运动结合起来，是为着解决中国革命的理论问题和策略问题而去从它找立场，找观点，找方法的。这种态度，就是有的放矢的态度。"的"就是中国革命，"矢"就是马克思列宁主义。我们中国共产党人所以要找这根"矢"，就是为了要射中国革命和东方革命这个"的"的。这种态度，就是实事求是的态度。"实事"就是客观存在着的一切事物，"是"就是客观事物的内部联系，即规律性，"求"就是我们去研究。我们要从国内外、省内外、县内外、区内外的实际情况出发，从其中引出其固有的而不是臆造的规律性，即找出周围事变的内部联系，作为我们行动的向导。而要这样做，就须不凭主观想象，不凭一时的热情，不凭死的书本，而凭客观存在的事实，详细地占有材料，在马克思列宁主义一般原理的指导下，从这些材料中引出正确的结论。这种结论，不是甲乙丙丁的现象罗列，也不是夸夸其谈的滥调文章，而是科学的结论。这种态度，有实事求是之意，无哗众取宠之心。这种态度，就是党性的表现，就是理论和实际统一的马克思列宁主义的作风。这是一个共产党员起码应该具备的态度。如果有了这种态度，那就既不是"头重脚轻根底浅"，也不是"嘴尖皮厚腹中空"了。

9. 节选文字在阐述主观主义的态度时，是按照怎样的思路展开的？

_____

_____

10. 作者在阐述马克思列宁主义的态度时，先阐述"有的放矢的态度"，然后阐述"实事求是的态度"，能否将阐述的顺序对调？为什么？

_____

_____

11. "墙上芦苇，头重脚轻根底浅；山间竹笋，嘴尖皮厚腹中空。"这副对联，运用了哪几种修辞手法？表达了什么意思？

_____

_____

12. 节选文字运用了什么论证方法？有何作用？

_____

_____

13. 下面是花岗岩地面翻新工艺流程的介绍，请用通俗的语言向同学进行口头介绍。

（1）开缝：使用专用开缝机对石材地面进行开缝处理，处理后用吸尘器吸去缝内的灰尘。

（2）缺陷处理：对石材缺陷（裂缝、残缺等人为损坏）进行预处理。

（3）无缝补胶处理：针对不同材质不同颜色的石材，选择不同的石材胶，并将胶的颜色调到最接近石材颜色后对所有缝隙进行补胶处理。

（4）整平打磨：使用重型石材翻新机配合36—60号金刚石磨块对地面进行粗磨处理，将石材高低落差打磨平整，将残留石材胶打磨干净，打掉受损的石材表层，抛出新的石材面层。

（5）防护处理：使用德国雅科美深层防护剂防护处理，用以预防石材翻新后容易发生的泛黄、泛碱等病症。

（6）中磨处理：使用 120—400 号翻新磨块对地面进行逐层打磨处理。

（7）幼磨处理：使用 500—1000 号金刚石水磨片对地面进行逐层打磨处理。

（8）抛光处理：使用 2000—6000 号抛光水磨片对石材进行抛光处理。

（9）结晶护理：使用结晶设备配合进口结晶粉和结晶液对地面进行加硬加光研磨处理，处理后石材光亮度达到最好状态（完全可以达到锌板的亮度或高于锌板亮度），脚感舒适，防滑效果好，透光效果好，整体美观性极佳。

十四　读书人是幸福人

一、基础知识应用

1. 下列词语中，注音、字形全部正确的一组是（　　　）

A. 上朔（suò）　　陶冶（yě）　　睿（ruì）智　　卑鄙（bì）

B. 诸（zhū）多　　往哲（zhé）　　执着（zhē）　　奸诈（zhà）

C. 浩瀚（hàn）　　嗜（shì）好　　厌恶（wù）　　崇（chóng）高

D. 熔（róng）化　　补偿（cháng）　　结缘（yuán）　　包览（lǎn）

2. 下面句子中，标点符号的使用最恰当的一项是（　　　）

或博爱①或温情②或抗争③大抵总引导人从幼年到成人④一步一步向着人间的美好境界前行⑤

A. ①，　②，　③，　④，　⑤。　　B. ①，　②，　③；　④，　⑤。

C. ①、　②、　③、　④，　⑤。　　D. ①，　②，　③；　④，　⑤。

3. 在下面句子括号中依次填入的词语，与课文一致的一组是（　　　）

人们从《论语》中学得智慧的（　　　），从《史记》中学得严肃的历史（　　　），从《正气歌》学得人格的（　　　），从马克思学得入世的（　　　），从鲁迅学得批判（　　　），从列夫·托尔斯泰学得道德的（　　　）。

A. 激情　精神　执着　精神　思考　刚烈

B. 精神　精神　刚烈　激情　思考　执着

C. 执着　激情　刚烈　精神　精神　思考

D. 思考　精神　刚烈　激情　精神　执着

4. 下列各句中，有语病的一句是（　　　）

A. 人具有阅读能力，无形间获得了超越有限生命的无限可能性。

B. 人们通过阅读，却能进入不同时空的诸多他人的世界。

C. 人们从读书学做人，从那些往哲先贤以及当代才俊的著述中学得他们的人格。

D. 一个人一旦与书本结缘，极大的可能是注定了做一个与崇高追求和高尚情趣相联系的人。

5. 在横线处填入恰当的内容。

《读书人是幸福人》一文的作者是_____，文章旗帜鲜明地提出了"_____"的观点。

二、阅读与表达能力训练

阅读下面的文字，完成6—8题。

① 一个人的一生，只能经历自己拥有的那一份喜悦、那一份苦难，也许再加上他亲自感知的那一些关于自身以外的经历和经验。然而，人们通过阅读，却能进入不同时空的诸多他人的世界。这样，具有阅读能力的人，无形间获得了超越有限生命的无限可能性。阅读不仅使他多识了草木虫鱼之名，而且可以上溯远古下及未来，饱览存在的与非存在的奇风异俗。

② 更为重要的是，读书加惠于人们的不仅是知识的增广，而且还在于精神的感化与陶冶。人们从读书学做人，从那些往哲先贤以及当代才俊的著述中学得他们的人格。人们从《论语》中学得智慧的思考，从《史记》中学得严肃的历史精神，从《正气歌》学得人格的刚烈，从马克思学得入世的激情，从鲁迅学得批判精神，从列夫·托尔斯泰学得道德的执着；歌德的诗句刻写着睿智的人生，拜伦的诗句呼唤着奋斗的热情。一个读书人，是一个有机会拥有超乎个人生命体验的幸运人。

③ 一个人一旦与书本结缘，极大的可能是注定了做一个与崇高追求和高尚情

趣相联系的人。说"极大的可能"，指的是不排除读书人中也有卑鄙和奸诈。况且，并非凡书皆好，在流传的书籍中，并非全是劝善之作，也有无价值的甚而有负面影响的。但我们所指的书，总是以其优良品质得以流传一类，这类书对人的影响总是良性的。我之所以常感读书幸福，是从喜爱文学书的亲身感受而发。一旦与此种嗜好结缘，人多半因而向往崇高一类，对暴力的厌恶和对弱者的同情，使人心灵纯净而富正义感，人往往变得情趣高雅而趋避凡俗。或博爱，或温情，或抗争，大抵总引导人从幼年到成人，一步一步向着人间的美好境界前行。笛卡儿说"读一本好书，就是和许多高尚的人谈话"，这就是读书使人向善；雨果说"各种蠢事，在每天阅读好书的影响下，仿佛被烤在火上一样渐渐熔化"，这就是读书使人避恶。

6. 分别找出每个自然段的中心句。

第 1 自然段的中心句：_____

第 2 自然段的中心句：_____

第 3 自然段的中心句：_____

7. 文中画线句子运用的论证方法是_____，其作用是_____

_____。

8. 理解下面句子的深刻含义，并任选一句模仿它的格式造一个句子。

A. 读一本好书，就是和许多高尚的人谈话。

B. 各种蠢事，在每天阅读好书的影响下，仿佛被烤在火上一样渐渐熔化。

选____句

造句：_____。

十五　拿来主义

一、基础知识应用

1. 下列词语中，加点字注音和解释有错误的一组是（　　　）

A. 残羹（gēng 肉汤）冷炙（zhì 烤肉）　　自诩（xǔ 谦虚）

B. 礼尚（shàng 崇尚、重视）往来　　脑髓（suǐ 脑筋）

C. 冠冕（miǎn 古代帝王的礼帽）　　勃然（bó rán 脸色大变，怒气冲天的样子）大怒

D. 玄（xuán 指用来遮盖真相，使人迷惑的手段）虚　　蹩进（bié jìn 躲躲闪闪地走进）

2. 下列词语中，没有错别字的一组是（　　　）

A. 冠冕堂皇　　窒闷　　寥廓　　迫不急待

B. 残羹冷炙　　豁免　　激励　　贻笑大方

C. 像征主义　　献媚　　自栩　　礼尚往来

D. 滥芋充数　　磕头　　雅片　　勃然大怒

3. 下列句子中，括号使用没有错误的一句是（　　　）

A. 这次作文特别强调文面整洁、字迹工整，不少于 800 字（一律用方格纸誊清）。

B. 传说伊欧斯是希腊神话中"黎明"（其实，指的是晨曦和朝霞。）的化身，是希腊神泰坦的女儿。

C. 譬如罢，我们之中的一个穷青年，因为祖上的阴功，（姑且让我这么说说罢，）得了一所大宅子，且不问他是骗来的，抢来的，或合法继承的，或是做了女婿换来的。

D. 陆游，字务观，号放翁，山阴（今浙江绍兴）人。

4. 下列句子中，没有使用反语修辞手法的一句是（　　　）

A. 总之，活人替代了古董，我敢说，也可以算得显出一点进步了。

B. 这种奖赏，不要误解为"抛来"的东西，这是"抛给"的，说得冠冕些，可以称之为"送来"，我在这里不想举出实例。

C. 所以我们要运用脑髓，放出眼光，自己来拿。

D. 要不然，则当佳节大典之际，他们拿不出东西来，只好磕头贺喜，讨一点残羹冷炙做奖赏。

5. 在横线处填入恰当的内容。

《拿来主义》的作者是＿＿＿＿＿，原名＿＿＿＿＿，是我国现代伟大的＿

_____家、_____家、_____家。他的小说集有《_____》《_____》《_____》，散文集有《_____》，散文诗集有《_____》，杂文集有《_____》《_____》《_____》《_____》等。

二、阅读与表达能力训练

阅读下面的文字，完成6—8题。

当然，能够只是送出去，也不算坏事情，一者见得丰富，二者见得大度。尼采就自诩过他是太阳，光热无穷，只是给与，不想取得。然而尼采究竟不是太阳，他发了疯。中国也不是，虽然有人说，掘起地下的煤来，就足够全世界几百年之用，但是，几百年之后呢？几百年之后，我们当然是化为魂灵，或上天堂，或落了地狱，但我们的子孙是在的，所以还应该给他们留下一点礼品。要不然，则当佳节大典之际，他们拿不出东西来，只好磕头贺喜，讨一点残羹冷炙做奖赏。

6. 这一段中主要使用的论证方法是_____论证，揭露了_____
_____。

7. 这篇文章中，鲁迅先生列举了几种人的不同表现，形象地写出他们对待外国文化的不同态度，鲜明地表达了自己对待外国文化的观点。请根据课文的内容填写下表。

类型	表现	态度
孱头		不敢接受外国文化
	勃然大怒，放一把火烧光	
		全盘地接受外国文化
拿来主义		

8. 课文中，集中体现作者对"拿来"看法的句子是_____
_____

阅读下面的文字，并回答问题。

论 读 书

严文井

① 读书，人才更像人。

② 如果一个人有了"知识"这样一个概念，并且认识了自己知识贫乏的现状，他就可能去寻求、靠近知识。相反，如果他认为自己什么都懂，他就会远离知识，在他自以为是在前进的时候，走着倒退的路。当我读书非常少的时候，我就产生了求学的强烈愿望，当我知道了世界上书籍数目如何庞大的时候，我又产生了分辨好坏、选择好书的愿望。

③ 教科书不过是古往今来的各种书籍当中的一小部分，你不得不尊敬它们，但不必害怕它们，更不要被它们捆住手脚。为此，我已经付出了不小的代价，我没考进大学，我并不认为自己不好学。

④ 如果我在思考一个问题，长期得不到解答，我就去向古代的智者和当代的求索者求教，按照一个明显的目的，我打开了一本又一本书。

⑤ 有的书给了我许多启发，有的书令我失望。即使在那些令我失望的书面前，我还是感觉有收获。那就是：道路没有完毕，还得继续走下去。

⑥ 书籍默不作声，带着神秘的笑容等待着我们。当你打开任何一本书的时候，马上你就会听到许多声音，美妙的音乐或刺耳的噪声。你可以停留在里面，也可以马上退出来。

⑦ 至于我，即使那本书里有魔鬼在嚎叫，我也要听一听，这是为了辨别小夜曲、牛鸣、苍蝇的嗡嗡、狮吼和魔鬼的歌唱有什么差别。这些差别也是知识。

⑧ 书籍对所有的人都是平等的。即使你没有上过任何学校，只要你愿意去求教，它们都不拒绝。

⑨ 我读过一点点书，最初是为了从里面寻找快乐和安慰，后来是为了从里面

寻找苦恼和疑问。

⑩ 只要活着，我今后还要读一点点书，这是为了更深地认识我自己和我同辈人知识的贫乏。

⑪ 书籍，在所有动物里面，只有人这种动物才能制造出来。读书，人才更像人。

（选自《中国读书大词典》，南京大学出版社 1993 年版）

1. 请在第 6、7 自然段里用 "。。。。" 圈出三句比喻句，并写出它们的比喻义各是什么。

① "＿＿＿＿＿＿" 比喻：＿＿＿＿＿＿＿＿＿＿＿＿＿＿＿＿＿。

② "＿＿＿＿＿＿" 比喻：＿＿＿＿＿＿＿＿＿＿＿＿＿＿＿＿＿。

③ "＿＿＿＿＿＿" 比喻：＿＿＿＿＿＿＿＿＿＿＿＿＿＿＿＿＿。

2. 最后一个自然段中 "读书，人才更像人" 中的两个 "人" 的含义是否一样？

＿＿＿＿＿＿＿＿＿＿＿＿＿＿＿＿＿＿＿＿＿＿＿＿＿＿＿＿＿＿＿＿＿＿＿＿

3. 本文的语言特点是：①＿＿＿＿＿＿＿＿；②＿＿＿＿＿＿＿＿＿＿＿＿＿＿

＿＿＿＿。

第五单元

十七 我的母亲

一、基础知识应用

1. 下列词语中，与加点字的读音完全相同的一组是（　　　）

A. 鲜 xiān：鲜红　　新鲜　　屡见不鲜　　鲜为人知

B. 强 qiǎng：坚强　　牵强　　强词夺理　　博闻强识

C. 供 gōng：供给　　供应　　提供　　　　供不应求

D. 当 dāng：当家　　当代　　门当户对　　安步当车

2. 下列词语中，没有错别字的一组是（　　　）

A. 清清爽爽　　敷衍　　款待　　惦念　　嘱咐

B. 干干净净　　抚养　　殷勤　　好象　　侯车

C. 不辞劳苦　　搜索　　铜活　　高粱　　欢渡

D. 爱屋及屋　　挣扎　　筹划　　安祥　　揉合

3. 下列各句中，不属于描写的一句是（　　　）

A. 父亲的寡姐跟我们一块儿住，她吸鸦片，她喜摸纸牌，她的脾气极坏。

B. 在我的记忆中，她的手终年是鲜红微肿的。

C. 当花轿来到我们的破门外的时候，母亲的手就和冰一样的凉，脸上没有血色——那是阴历四月，天气很暖。

D. 我请来三姐给我说情，老母含泪点了头。

4. 下列各句中，加点的成语使用恰当的一句是（　　　）

A. 有的商品广告，言过其实，误导消费者。

B. 学校准备举行秋季运动会，大家都兴致勃勃，体育委员更是推波助澜，积极组织班级同学报名参加。

C. 犯了错误首先应该检查自己，无动于衷或因此居功自傲，都是不对的。

D. 他的文章题材新颖，内容生动，有不少观点是一孔之见。

5. 仿照下面"示例"中画横线部分的句式，写一组结构相似、意思完整的排比句，不要求与原句的字数相同。

示例：皇上跑了，丈夫死了，鬼子来了，满城是血光火焰，可是母亲不怕，她要在刺刀下，饥荒中，保护着儿女。

仿写：＿＿＿＿＿＿＿，＿＿＿＿＿＿＿，＿＿＿＿＿＿＿，＿＿＿＿是＿＿＿＿。

二、阅读与表达能力训练

（一）

阅读下面的文字，完成6—8题。

当我小学毕了业的时候，亲友一致的愿意我去学手艺，好帮助母亲。我晓得我应当去找饭吃，以减轻母亲的勤劳困苦。可是，我也愿意升学。我偷偷地考入了师范学校——制服、饭食，书籍，宿处，都由学校供给。只有这样，我才敢对母亲提升学的话。入学，要交十元的保证金。这是一笔巨款！母亲作了半个月的难，把这巨款筹到，而后含泪把我送出门去。她不辞劳苦，只要儿子有出息。当我由师范毕业，而被派为小学校校长，母亲与我都一夜不曾合眼。我只说了句："以后，您可以歇一歇了！"她的回答只有一串串的眼泪。我入学之后，三姐结了婚。母亲对儿女是都一样疼爱的，但是假若她也有点偏爱的话，她应当偏爱三姐，因为自父亲死后，家中一切的事情都是母亲和三姐共同撑持的。三姐是母亲的右手。但是母亲知道这右手必须割去，她不能为自己的便利而耽误了女儿的青春。当花轿来到我们的破门外的时候，母亲的手就和冰一样的凉，脸上没有血色——那是阴历四月，天气很暖。大家都怕她晕过去。可是，她挣扎着，咬着嘴唇，手扶着门框，看花轿徐徐的走去。不久，姑母死了。三姐已出嫁，哥哥不在家，我又住学校，家中只剩下母亲自己。她还须自晓至晚的操作，可是终日没人和她说一句话。新年到了，正赶上政府倡用阳历，不许过旧年。除夕，我请了两小时的

53

假，由拥挤不堪的街市回到清炉冷灶的家中。母亲笑了。及至听说我还须回校，她愣住了。半天，她才叹出一口气来。到我该走的时候，她递给我一些花生，"去吧，小子！"街上是那么热闹，我却什么也没看见，泪遮迷了我的眼。今天，泪又遮住了我的眼，又想起当日孤独的过那凄惨的除夕的慈母。可是慈母不会再候盼着我了，她已入了土！

6. 这段话以_____为顺序，共写了三件事：①_____；
②_____；③_____。

7. 根据上题，该段文字可划分为三个层次，请用"//"在原文中标出。

8. 该段语言的最大特点是_____；文字看似_____，却蕴含着作者对母亲深深的_____之情。

（二）

下面的文字摘自《闻一多先生的说和做》，请在认真阅读后完成9—11题。

作为学者和诗人的闻一多先生，在20世纪30年代国立青岛大学的两年时间，我对他是有着深刻印象的。那时候，他已诗兴不作而研究志趣正浓。他正向古代典籍钻探，有如向地壳寻求宝藏。仰之弥高，越高，攀得越起劲；钻之弥坚，越坚，钻得越锲而不舍。他想吃尽、消化尽我们中华民族几千年来的文化史，炯炯目光，一直远射到有史以前。他要给我们衰微的民族开一剂救济的文化药方。1930年到1932年，"望闻问切"也还只是在"望"的初级阶段。他从唐诗下手，目不窥园，足不下楼，兀兀穷年，沥尽心血。杜甫晚年，疏懒得"一月不梳头"。闻先生也总是头发凌乱，他是无暇及此的。饭，几乎忘记了吃，他贪的是精神食粮；夜间睡得很少，为了研究，他惜寸阴、分阴。深宵灯火是他的伴侣，因它大开光明之路，"漂白了四壁"。

9. 查字典，写出下列加点字的读音，并解释词语。

① 弥（　　）高：_____

② 锲（　　）而不舍：_____

③ 目不窥（　　）园：_____

④ 兀（　　）兀穷年：_____

10. 这段文字主要是写闻一多先生的"做"。请用简洁的语言概括出闻一多先生所做的事。

_____

_____

11. 作者说："他要给我们衰微的民族开一剂救济的文化药方。"你是怎么理解这句话的？

_____

_____

十八 金 大 力

一、基础知识应用

1. 下列词语中，书写全部正确的一组是（   ）

A. 归置   坍踏   较量   红缨帽

B. 瓦脊   翘起   砌墙   紫沙壶

C. 致谢   垫子   响午   捡屋漏

D. 撤去   器皿   粗糙   腌咸肉

2. 下列加点词语的解释，全部正确的一组是（   ）

A. 浮雕（表面的）   川流不息（同"穿"，来往）   估工算料（估算工钱）

B. 应酬（交际往来）   相地定基（观察，探勘）   据实复告（再次告诉）

C. 道劳（劳动）   德高望重（看，看见）   墨里藏针（比喻白头发）

D. 知足（懂得，明了）   无从查考（查访考证）   想当然耳（罢了）

3. 下列句子中，标点符号使用正确的一句是（   ）

A. 母亲有些恼怒地说，"这么大的汉子了，动不动就抹眼泪，像什么样子!"

B. "是老小，"母亲回答了老太太的问话，转回头批评我，"小小孩儿，说话没大没小的!"

C. 老太太用细而沙哑的嗓音问："白菜的价钱"，母亲回答了她。

D. 主人家委托金大力："金师傅，你陪陪吧"！

4. 把下面散句改写成整句。

金大力只是一个块头很大的，家里开着一爿茶水炉子，本人是个瓦匠头儿的老实人。

_____

_____

5. 作者说金大力"他有一个好人缘儿。不知道为什么，他的人缘儿会那么好"。"不知道为什么"是作者的疑问吗？说说你的理解。

_____

_____

二、阅读与表达能力训练

阅读下面的文字，完成6—11题。

（一）

这里兴建动工有许多风俗。先得"破土"。由金大力用铁锹挖起一小块土，铲得四方四正，用红纸包好，供在神像前面。——这一方土要到完工时才撤去。然后，主人家要请一桌酒。这桌酒有两点特别处，一是席面所用器皿都十分粗糙，红漆筷子，蓝花粗瓷大碗；二是菜除了猪肉、豆腐外，必有一道泥鳅。这好像有一点是和泥瓦匠开玩笑，但瓦匠都不见怪，因为这是规矩。这桌酒，主人是不陪的，只是出来道一声"诸位多辛苦"，然后就委托金大力："金师傅，你陪陪吧！"金大力就代替了主人，举起酒杯，喝下一口淡酒。这时木匠已经把房架立好，到了择定吉日的五更头，上了梁。梁柱上贴了一副大红对子："登柱喜逢黄道日，上梁正遇紫微星"，两边各立了一面筛子，筛子里斜贴了大红斗方，斗方的四角写着"吉星高照"，金大力点起一挂鞭，泥瓦工程就开始了。

每天，金大力都是头一个来，比别人要早半小时。来了，把孩子们搬下来搭桥、搭鸡窝玩的砖头捡回砖堆上去，把碍手碍脚的棍棍棒棒归置归置，清除"脚手"板子上昨天滴下的灰泥，把"脚手"往上提一提，捆"脚手"的麻绳紧一紧，扫扫地，然后，挑了两担水来，用铁锹抓钩和青灰，——石灰里兑了锅烟——和黄泥。灰泥和好，伙计们也就来上工了。他是个瓦匠，上工时照例也在腰带里掖一把瓦刀，手里提着一个抿子。可是他的瓦刀抿子几乎随时都是干的。他一天使的家伙就是铁锹抓钩，他老是在和灰、和泥。他只能干这种小工活，也就甘心干小工活。他从来不想去露一手，去逞能卖嘴、指手画脚。到了半前晌和半后晌，伙计们照例要下来歇一会儿，金大力看看太阳，提起两把极大的紫砂壶就走。在壶里撮了两大把茶叶梗子，到他自己家的茶水炉上，灌了两壶水，把茶水筛在大碗里，就抬头叫嚷："哎，下来喝茶！"傍晚收工时，他总是最后一个走。他要各处看看，看看今天的进度、质量（他的手艺不高，这些都还是会看的），也看看有没有留下火星（木匠熬胶要点火，瓦匠里有抽烟的）。然后，解下腰带，从头到脚，抽打一遍。走到主人家窗下，扬声告别："明儿见啦！晚上你们照看着点！"——"好嘞，我们会照看。明儿见，金师傅！"

金大力是个瓦匠头儿，可是拿的工钱很低，比一个小工多不了多少。同行师傅们过意不去，几次提出要给金头儿涨涨工钱。金大力说："不。干什么活，拿什么钱。再说，我家里还开着一爿茶水炉子，我不比你们指身为业。这我就知足。"

6. 第2自然段描写了金大力在工地的一天，请用四个四字词语概括他的活动过程。

7. 阅读文中画线的句子，说说作者明知金大力瓦匠手艺"不够格"，为什么还说"他从来不想去露一手"。

8. 金大力"拙于言辞"，可是同行要给他加工钱时却说了一大段话。这段话有四层意思，请简要分析。

（二）

我母亲不识字，但对识字的人十分敬重。我们家生活困难，经常吃了上顿没下顿。但只要我对她提出买书买文具的要求，她总是会满足我。她是个勤劳的人，讨厌懒惰的孩子，但只要是我因为看书耽误了干活，她从来没批评过我。

有一段时间，集市上来了一个说书人。我偷偷地跑去听书，忘记了她分配给我的活儿，为此，母亲批评了我。晚上当她就着一盏小油灯为家人赶制棉衣时，我忍不住把白天从说书人那儿听来的故事复述给她听。起初她有些不耐烦，因为在她心目中说书人都是油嘴滑舌、不务正业的人，从他们嘴里冒不出好话来。但我复述的故事渐渐地吸引了她，以后每逢集日她便不再给我排活，默许我去集上听书。为了报答母亲的恩情，也为了向她炫耀我的记忆力，我会把白天听到的故事，绘声绘色地讲给她听。

很快地，我就不满足复述说书人讲的故事了，我在复述的过程中不断地添油加醋，我会投我母亲所好，编造一些情节，有时候甚至改变故事的结局。我的听众也不仅仅是我的母亲，连我的姐姐、我的婶婶、我的奶奶都成为我的听众。我母亲在听完我的故事后，有时会忧心忡忡地，像是对我说，又像是自言自语："儿子，你长大后会成为一个什么人呢？难道要靠耍贫嘴吃饭吗？"

(节选自莫言在 2012 年诺贝尔文学奖获奖仪式上的演讲)

9. 选文第 1 自然段作者使用三个"但"表示文义的转折，强调想要表达的意思。请用一句话概括本段的中心意思。

_____

_____

10. 母亲在听完"我"的故事后，为什么"有时会忧心忡忡"？

_____

_____

11. 母亲认为，"说书人都是油嘴滑舌、不务正业的人，从他们嘴里冒不出好话来"。你觉得母亲这样认为对吗？为什么？

_____

_____

十九 "探界者"钟扬（节选）

一、基础知识应用

1. 给下面加点的字注音。

拟南芥（　　）　　　毛坯（　　）　　　屋脊（　　）　　　奇葩（　　）

底子薄（　　）　　　戛（　　）然　　　调侃（　　）　　　宽檐（　　）

2. 圈出下列句子中的错别字，在括号里写出正确的字。

① 在植物学家很少涉足的青藏高原，执著的钟扬发现了它。（　　　）

② 那年 5 月钟扬报到时，学校还没有过度房。（　　　）

③ 他深轧在此，努力为人类建一个来自世界屋脊的"种子方舟"。（　　　）

④ 如果发现它开花并且结了种子，我会用手抓一把，一滩开里面一般有 200 颗。（　　　）

3. 解释下列句子中加点的词语。

① 有些地方甚至 100 年来无人涉足，植物资源被严重低估：_____

② 迈着长期痛风的腿在青藏高原上刷新一个植物学家的极限：_____

③ 我们从海拔 5 200 米的珠峰大本营出发向更高的山地挺进时：_____

4. 下列各句中，标点符号使用有错误的一项是（　　　）

A. 植物学家、科普达人、援藏干部、教育专家、……哪一个身份都可以以一种完整的人生角色在他身上呈现。

B. 为了自己的"种子事业"，他的足迹延伸到了植物学家的"无人区"——西藏。

C. 我最讨厌的植物是什么呢？椰子。那么大一颗，8 000 颗的样本数量，我们需要两卡车把它们拉回来。

D. 那次，我和扎西次仁（钟扬在西藏的首位植物学博士——记者注）跟着钟老师去采集高山雪莲。

5. 下列关于人物通讯的表述，有错误的一项是（　　　）

A. 人物通讯是以写人物的思想和事迹为主的通讯。

B. 人物通讯既有系统报道某个人物先进事迹的长篇通讯，也有表现人物的片段事迹的人物素描、人物特写、通讯小故事。

C. 写好人物通讯的关键是抓住人物的特点，揭示出具有鲜明个性特征的人物的情怀和思想境界。

D. 人物通讯作为一种新闻体裁，比消息更具有时效性。

二、阅读与表达能力训练

阅读下面的文字，完成6—11题。

（一）

复旦大学生命科学学院开设的现代生物科学导论，几乎可以算是全校体量最大的选修课。今年这门课的期末考试试卷上出现了这样一道题："请结合生物多样性的知识，和你本人对钟扬教授先进事迹的学习，谈谈钟扬教授在青藏高原执着于此项事业的生物学意义。"

复旦大学生命科学学院教授杨亚军和院里所有的老师一致决定在今年这门课的最后一节上播放钟扬的微电影《播种未来》，并在学期末的考试中加上这道题。他知道，这些学生本身，也是钟扬执着的事业之一。

"他是少有的敢收转导师学生的人，我想每个学生家庭都会感谢他。"杨亚军说。

复旦大学生命科学学院副院长卢大儒分管研究生的培养工作，目睹了不少钟扬在收学生时的"奇葩事"。

"我们每个人招研究生有一个数量限制，但是他招得特别多，后来我就去了解，才发现事情的真相。"卢大儒说。

卢大儒发现，当学生和老师进行双向选择时，较差的学生，或者不太好调教的学生，老师不喜欢，就会"流落街头"。还有学生跟导师相处以后有一些矛盾，提出转导师。这样，问题来了，谁来接盘？

这时，身为研究生院院长的钟扬总是负责解决最后的兜底问题。"他总说'有问题我来'，这是他的一种责任与担当。他说以后在他的位置上，必须承担这个责任，这个位置必须要有这种担当。"

钟扬的"暖"是有目共睹的，这更体现在他对学生的关爱上。他从不抛弃、不放弃任何一个学生，更会根据每个学生的特点为他们量身定制一套个性化的发展规划，不让一个人掉队。

钟扬曾说："培养学生就像我们采集种子，每一颗种子都很宝贵，你不能因为他外表看上去不好看就不要对吧，说不定这种子以后能长得很好。"

经佐琴回忆，曾经有一个学生，考了三年，钟扬每一年都答应收，但是一直没考上。有教授问他，总是考不上可能是说明他不适合做科研，就别答应人家了。但钟扬一脸纠结地说："总不能断了别人的梦想啊。"

而当钟扬的工作重心转到西藏时，他承认，自己的招生名额渐渐倾向这所他心目中的"世界最高学府"。

钟扬的学生、复旦大学生命科学学院博士生徐翌钦回忆道，实验室里有很多学生是钟老师从少数民族地区招进来的。"这些同学由于底子薄，知识基础与上海本地学生有一定的差距，刚开始都是抱着试一试的想法联系了钟老师，钟老师总是鼓励他们报考自己的研究生，他说，'读我的研究生基础差一点没关系，我帮你补，你只需要有一颗热爱植物学的心。'"

于是，钟扬的学生就像古代的门客一样"各显神通"，有做科学研究的，有做科普的，有从事创新创业的。钟扬停不下来的点子和"脑洞"，就这样在他每个学生中生根发芽，变为现实。

6. 节选文字主要写了哪些事？

_____

_____

7. 你如何理解"他知道，这些学生本身，也是钟扬执着的事业之一"这句话？

_____

_____

8. 节选文字最后说："钟扬停不下来的点子和'脑洞'，就这样在他每个学生中生根发芽，变为现实。"作者为什么这样说？

_____

_____

（二）

2017 年 5 月的一场讲座中，钟扬曾介绍自己实验室里研究过一种"长寿基因"。他们使用生命期 5~7 天的线虫作为实验对象，当某种基因被敲除后，线虫寿命可增加 5~7 倍。

有人问，只要去除一个基因，人是否可以更长寿。钟扬回答："这个基因主管生殖，要想长寿必须在一出生就去除掉，意味着你将终身无法生育。"对于钟扬这样的植物学家来说，生命的长短成了藏在基因里的密码。

但对于他个人来讲，生命的意义是什么？或许在与千千万万种生命打交道的过程中，钟扬已经有了答案。

"在一个适宜生物生存与发展的良好环境中，不乏各种各样的成功者，它们造就了生命的辉煌。然而，生命的高度绝不只是一种形式。当一个物种要拓展其疆域而必须迎接恶劣环境挑战的时候，总是需要一些先锋者牺牲个体的优势，以换取整个群体乃至物种新的生存空间和发展机遇。换言之，先锋者为成功者奠定了基础，它们在生命的高度上应该是一致的。"在 2012 年 7 月 6 日复旦大学的校刊上，钟扬发表的《生命的高度》一文这样写道。

<u>在探寻生命的边界时，他甘愿成为一个先锋者。</u>

钟扬的身体条件是不适合长期在高原工作的。2015 年，钟扬突发脑出血，对常人来说，这应是一次生命的警告，钟扬却把它理解成工作倒计时的闹钟。

"他有一种想把时间抢回来的劲头。"拉琼回忆道，病好以后，大家都以为原本忙碌的钟老师可以调整一下超负荷的生活节奏，"收敛一点"。没想到的是，他变得更加拼命了。

拉琼展示了钟扬 2017 年 6 月 24 日的行程安排：上午到拉萨贡嘎机场，下午 3 点半参加西藏大学博士生答辩会，5 点跟藏大同事和研究生处理各种学科建设和研究生论文等事情，晚 11 点回到宿舍网上评阅国家基金委各申请书，凌晨 1 点开始处理邮件，凌晨 2 点上床睡觉，清晨 4 点起床，4 点半赶往墨脱进行野外科学考察。

钟扬未完成的愿望很多，他希望继续收集青藏高原的种子资料，希望帮助西藏大学学科建设不断提高，希望培养出更多扎根高原的植物学人才……

脑出血之后，医生、亲友、同事都劝钟扬不要再去西藏，说他简直是拿自己的生命做赌注，而他第三次向组织递交了继续担任援藏干部的申请书，成为第八批援藏干部。

"再次进藏时，我明显感觉到他的身体大不如前，连上车和下车都特别吃力。但他总说'没事，我很好'。他对我说，自己的时间太短了，必须这样。"拉琼说。

2017年9月25日，钟扬忙碌的行程在"出差赴内蒙古城川民族干部学院作报告'干部创新能力与思维的培养'"之后戛然而止。

而在他双肩背包的很多张小纸条中，他的工作依然很满——

9月26日，他将回到复旦大学上党课，带大家学习科学家黄大年的先进事迹；

9月28日，他将来到拉萨，参加29日的西藏大学生态学一流学科建设推进会；

之后，他将完成和拉琼参与创办的西藏植物学期刊的创刊文章；和杨亚军一起完成关于"生物样本库的伦理问题和管理政策研究"的国家社科基金项目的招标；继续英文科普书籍《不凡的物种》的翻译工作……

未来，他还希望在成都或上海建立青藏高原研究院，让上海的红树林实现自由生长，让更多的中小学生通过科学课程提高科学思维，让更多的学生致力于青藏高原的种子事业……

"任何生命都有结束的一天，但我毫不畏惧，因为我的学生会将科学探索之路延续，而我们采集的种子，也许会在几百年后的某一天生根发芽，到那时，不知会完成多少人的梦想。"对于生命的意义，钟扬这样说。

9. 对于钟扬来说，生命的意义是什么？（不超过10个字）

_____

10. 文中画线句子中的"甘愿成为"换成"是"，是否更简洁明了？

_____

_____

11. 文中多次提到拉琼对钟扬事迹的评述，这是什么写法？有什么作用？

_____

_____

阅读下面的文字，并回答问题。

勇敢地追求真正的美

秦 牧

① 爱美是人类的天性。对于爱美天性的任何禁锢是全没道理的。劳动人民最有权利追求美。因此，我们有理由这样说：朋友们，勇敢地追求真正的美吧！

② 一个人堂堂正正地生活，他注意修饰仪容，有何不可？他注意衣着的材料、款式，有何不可？或者，他爱染掉白发，她希望除去雀斑，她爱在鬓上插一朵花，有何不可？这些人完全可以不顾多嘴多舌的人的无聊议论，勇敢地追求这种正当的美。

③ 契诃夫说："人的一切都应该是美好的：心灵、面貌、衣裳。"正当地追求这一切美都是合理的。

④ 自然，我们也应该告诉人们，心灵美，以及由它产生的一切行为美是最高尚的美。其他的一切美，离开了这个基础，就会黯然失色了。人们常说："鸟美在羽毛，人美在灵魂。"灵魂美，即人的道德品质、精神境界、思想意识和志趣情操之美。托尔斯泰说："人不是因为美丽才可爱，而是因为可爱才美丽。"不知道读者们有过这样的经验没有？一个外表很美的人，当你发现他的灵魂十分龌龊的时候，那人给人的美感就渐渐消失了。相反的，一个外表丑陋的人，如果我们一旦发现他具有崇高的心灵，并且行为又很高尚可敬的话，我们就会渐渐忘掉他的丑陋，甚至觉得他变得好看起来。在中国，晏婴、包拯这些人，在外国，贝多芬、托尔斯泰这些人，他们的长相谈不上漂亮，但是由于他们的心灵美，却连带使人感到他们整个人漂亮起来。

⑤ 古代的希腊哲学家赫拉克利特说："最美的猴子与人类比起来也是丑陋的。"奥斯特洛夫斯基说："人的美并不在于外貌、衣服和发式，而在于他的本身，在于他的心，要是没有内心的美，我们常常会厌恶他的外表。"这些话是说

得很有道理的。

⑥ 有些钻研学术到了忘我境界的科学家、思想家，不修边幅，头发胡须都很蓬乱，甚至对随身衣物也常常忘记了这一件，丢掉了那一件，爱美的天性在这些人身上仿佛体现不出来。其实不然，他们是为了一个崇高的目的，为了更高度地发挥心灵美、行为美，而把仪态美、装饰美在某段时间里暂时搁在一边罢了。这些不修边幅的人，他们能够给人以不寻常的美感，正是他们的心灵美在熠熠闪光的缘故。

⑦ 饱满的智慧和丰富的学识，也能使一个人的仪表美好起来。你从一个思想家的脸孔和一个类人猿的脸孔或者从一个学者和一个流氓脸孔的比较中就可以很快发现这一点。我以为仪表、衣着、装饰的美好固然可以给人以美感，而心灵美、智慧美、行为美所激发起的人们的美感，总是会比前者强烈得多，外表美的缺陷可以用内心美来弥补，而心灵的卑污丑恶却不是外表美可以抵消的。

⑧ 我以为：人应该勇敢地追求真正的美，既追求内心美，也追求仪表美。朋友，当一个人正当地生活、追求高尚的美的时候，我想，他必定有勇气来击退一切无理的干预和非难。

(摘编自《名家散文精品》，陕西摄影出版社 1995 年版)

1. 给下列加点字词注音，并解释词语。

（1）禁锢（　　　）：＿＿＿＿＿＿＿＿＿＿＿＿＿＿＿＿＿＿＿

（2）龌（　　　）龊（　　　）：＿＿＿＿＿＿＿＿＿＿＿＿＿＿＿

（3）非难（　　　）：＿＿＿＿＿＿＿＿＿＿＿＿＿＿＿＿＿＿＿＿

（4）边幅（　　　）：＿＿＿＿＿＿＿＿＿＿＿＿＿＿＿＿＿＿＿＿

2. 从全文的论述来看，标题中"真正的美"指的是＿＿＿＿＿＿＿＿＿＿＿。

3. 对前四个自然段有关内容的理解，不正确的一项是（　　　）

A. 第 1 自然段开门见山地表明自己的态度，点出文章的题目。

B. 第 2 自然段用 3 个设问句有力地论述了追求仪表美是人类正当的行为。

C. 第 3 自然段引用契诃夫的话的目的是引出心灵美，在文章结构上起着承上启下的作用。

D. 第 4 自然段运用引用、举例、对比等论证方法来证明"心灵美，以及由它产生的一切行为美是最高尚的美"这一观点。

4. 对第 6 自然段的理解，正确的一项是（　　　）

A. 举有些科学家、思想家不修边幅的例子不恰当，与"追求真正的美"的观点相矛盾。

B. 举有些科学家、思想家不修边幅的例子，是为了说明搞科研不需要讲究仪表美。

C. 举有些科学家、思想家不修边幅的例子，目的是为了说明他们的不完美。

D. 举有些科学家、思想家不修边幅的例子，是为了强调内心美的重要作用，说明这些科学家、思想家也有爱美的天性，只是为了一个崇高的目的和更高地发挥心灵美、行为美而暂时放弃了仪表美。

5. 第 7 自然段加点的"这一点"指代的是_____

_____。（用文中原句填空）

6. 作者说："饱满的智慧和丰富的学识，也能使一个人的仪表美好起来。"你是怎样理解的？请把你的想法写成一篇不少于 400 字的短文。

第六单元

二十一 《诗经》二首

一、基础知识应用

1. 根据拼音写出汉字。

tóng（　　）管　　sāo（　　）首　　城 yú（　　）　　雨雪 fēi fēi（　　）（　　）

róng（　　）车　　shù（　　）边　　chí（　　）　　chú（　　）　　美人之 yí（　　）

2. 写出下面句子中的通假字，并加以解释。

岁亦莫止　　（　　）同（　　），含义：＿＿＿＿＿＿＿

维常之华　　（　　）同（　　），含义：＿＿＿＿＿＿＿

说怿女美　　（　　）同（　　），含义：＿＿＿＿＿＿＿；（　　）同（　　），

含义：＿＿＿＿＿＿＿

自牧归荑　　（　　）同（　　），含义：＿＿＿＿＿＿＿

3. 下列句子中，加点字的解释不正确的一项是（　　）

A. 静女其姝（姝：美丽）　　　　洵美且异（洵：确实）

B. 君子所依（依：乘）　　　　　我戍未定（戍：防守）

C. 薇亦作止（作：出生）　　　　靡室靡家（靡：没有）

D. 忧心孔疚（孔：非常）　　　　自牧归荑（荑：野花）

4. 根据要求填写课文中的名句。

（1）《采薇》中情景交融的句子是＿＿＿＿＿＿＿＿＿＿＿＿＿＿＿＿＿＿＿＿

（2）《静女》中抒写男子心理活动的句子有＿＿＿＿＿＿＿＿＿＿＿＿＿＿＿＿＿

＿＿＿＿＿＿＿＿＿＿＿＿＿＿＿＿＿＿＿＿＿＿＿＿＿＿＿＿＿＿＿＿＿＿＿＿＿＿

5. 在横线处填入恰当的内容。

《诗经》是我国最早的诗歌总集，分为_____、_____、_____三部分。《采薇》是一首表现_____的诗歌；《静女》是一首表现_____的诗歌。

二、阅读与表达能力训练

（一）

阅读下面的诗句，完成6—7题。

昔我往矣，杨柳依依。今我来思，雨雪霏霏。行道迟迟，载渴载饥。我心伤悲，莫知我哀。

6. 表明诗人出发和归来时间的句子是_____；表明诗人归途中心境的句子是_____。"行道迟迟，载渴载饥"写出归途中诗人的状态是_____

静女其姝，俟我于城隅。爱而不见，搔首踟蹰。

7. "爱而不见，搔首踟蹰"的意思是_____
_____。表现了一个_____的男子形象。

（二）

阅读选读课文《廉颇蔺相如列传》中的文字，回答8—11题。

既罢，归国，以相如功大，拜为上卿，位在廉颇之右。

廉颇曰："我为赵将，有攻城野战之大功，而蔺相如徒以口舌为劳，而位居我上。且相如素贱人，吾羞，不忍为之下！"宣言曰："我见相如，必辱之。"相如闻，不肯与会。相如每朝时，常称病，不欲与廉颇争列。已而相如出，望见廉颇，相如引车避匿。

于是舍人相与谏曰："臣所以去亲戚而事君者，徒慕君之高义也。今君与廉颇同列，廉君宣恶言，而君畏匿之，恐惧殊甚。且庸人尚羞之，况于将相乎！臣等不肖，请辞去。"蔺相如固止之，曰："公之视廉将军孰与秦王？"曰："不若也。"相如曰："夫以秦王之威，而相如廷叱之，辱其群臣。相如虽驽，独畏廉将军哉？顾吾念之，强秦之所以不敢加兵于赵者，徒以吾两人在也。今两虎共斗，其势不俱生。吾所以为此者，以先国家之急而后私仇也。"

廉颇闻之，肉袒负荆，因宾客至蔺相如门谢罪，曰："鄙贱之人，不知将军宽之至此也！"

卒相与欢，为刎颈之交。

8. 下列加点词的解释，不正确的一项是（　　　　）

A. 且相如素贱人　　　　　　　　　　素：向来

B. 顾吾念之　　　　　　　　　　　　顾：回头看

C. 宣言曰："我见相如，必辱之。"　　宣言：扬言

D. 相如引车避匿　　　　　　　　　　引：调转

9. 对画线语句中蔺相如的举动，分析正确的一项是（　　　　）

A. 蔺相如是文臣，自感不如老将军廉颇功劳大，因而不好意思与廉颇"争列"。

B. 表明蔺相如的忍辱、退让，他宽宏大量，以国家大事为重。

C. 蔺相如害怕廉颇，担心受到他的羞辱。

D. 蔺相如自知自己曾是一个门客，地位低下，因而没有勇气跟廉颇见面。

10. 翻译下列语句。

（1）公之视廉将军孰与秦王？

_____

（2）吾所以为此者，以先国家之急而后私仇也。

_____

11. "廉蔺交欢"表现出廉颇和蔺相如的性格各有什么特点？

_____

_____

12. 有一位同学遇到了困难，在学校的倡议下，各个班级都在积极筹划募捐活动。现在由你为班级策划这次募捐，请将你对这次活动的有关设想向同学们做详细介绍（可以口头介绍，也可以通过文字把介绍的要点写出来）。

提示：介绍应包括活动目的、募捐方式、时间安排等，要突出重要环节。

介绍词：_____

_____

二十二　子路、曾皙、冉有、公西华侍坐

一、基础知识应用

1. 下列词语中，加点字的注音完全正确的一组是 （　　　　）

A. 率（shuài）尔　　　千乘（chéng）　　　饥馑（jǐn）

B. 哂（xī）之　　　　鼓瑟（sè）　　　铿（kēng）尔

C. 冠（guān）者　　　喟（kuì）然　　　曾皙（xī）

D. 舞雩（yú）　　　　摄（shè）乎　　　比（bǐ）及

2. 下列对虚词"以"的解释，不正确的一项是 （　　　　）

A. 以吾一日长乎尔（连词，表因果）

B. 如其礼乐，以俟君子（连词，表承接）

C. 加之以师旅（介词，把）

D. 为国以礼（介词，用）

3. 下列各句中，句式相同的一组是 （　　　　）

① 加之以师旅　② 不吾知也　③ 何伤乎？　④ 赤也为之小，孰能为之大？

A. ①②　　　B. ③④　　　C. ②③　　　D. ②④

4. 下列对课文内容的理解，不正确的一项是 （　　　　）

A. 子路开口就是"千乘之国"，很有政治家的气魄。

B. 冉有自认只能治理方圆六七十里或五六十里的小国家，有着谦谦君子的胸怀。

C. 公西华只字不提治理国家的事，甚至说自己根本就不能做什么事业，而只能做宗庙的一个小小司仪，其志向表达得十分委婉。

D. 曾皙也没谈到国家大事，而只是描绘了一幅老少同乐的春游图，可见他的志向不在治理国家。

5. 下列对课文的赏析，不正确的一项是 （　　　　）

A. 全文以记叙曾皙为主，重点突出，详略得当。

B. 本文记叙孔子和弟子一起谈论志向的情景，表现了孔子不赞成弟子参与国家政治。

C. 文中孔子态度鲜明，对子路是"哂之"，对曾皙是"喟然叹曰"，加以赞扬，毫不隐讳。

D. 本文在写作上紧扣人物的性格特点、言行，契合人物的个性、志趣和教养。

二、阅读与表达能力训练

（一）

阅读下面的文字，完成6—7题。

曰："夫子何哂由也？"

曰："为国以礼，其言不让，是故哂之。""唯求则非邦也与？""安见方六七十如五六十而非邦也者？""唯赤则非邦也与？""宗庙会同，非诸侯而何？赤也为之小，孰能为之大？"

6. 孔子"哂之"的原因是_____

7. 文中孔子对冉有、公西华的态度是_____

（二）

阅读下面这首诗，回答8—9题。

客　至

杜　甫

舍南舍北皆春水，但见群鸥日日来。

花径不曾缘客扫，蓬门今始为君开。

盘飧市远无兼味，樽酒家贫只旧醅。

肯与邻翁相对饮，隔篱呼取尽余杯。

8. 请描绘首联所写草堂外的景象：_____

_____。"但见"二字透露出诗人_____

_____的心情。

9. 颈联写的内容是_____；"无兼味""只旧醅"表达了诗人

对客人怎样的感情？_____

_____。

（三）

10. 下面是一幅漫画。仔细观察画面上反映的人物、时间、地点，弄清人与物之间的关系，进行合理想象，用适当的说明方法，按照一定的说明顺序，把图中的内容及寓意正确地介绍出来。

（1）简要说明这幅画的内容。

_____

_____

（2）这幅漫画的寓意是：

_____

_____

二十三 劝 学

一、基础知识应用

1. 根据拼音写出汉字。

槁 pù（　　）　　须 yú（　　）　　jiāo（　　）龙　　qí（　　）　　jì（　　）

蛇 shàn（　　）　　kuǐ（　　）步　　舟 jí（　　）　　nú（　　）马

2. 下列句子中，不含通假字的一句是（　　）

A. 虽有槁暴　　B. 知明而行无过　　C. 君子生非异也　　D. 日参省乎己

3. 下列加点字中，解释不正确的一项是（　　）

A. 金就砺则利（金：金属）　　　　　B. 非能水也（水：游水）

C. 锲而舍之（锲：刻）　　　　　　　D. 青，取之于蓝（蓝：蓼蓝）

4. 下列句子中，诵读节奏划分不正确的一项是（　　）

A. 吾尝/终日/而思矣，不如/须臾/之所学也

B. 登高/而招，臂非/加长也

C. 积土/成山，风雨/兴焉

D. 蚓无/爪牙/之利，筋骨/之强

5. 在横线处填入恰当的内容。

荀子（约前313—前238），_____后期赵国人，古代著名的_____，先秦时期____家的最后一位大师。他的著作收在《_____》里，《劝学》的"劝"的

意思是 _____。

二、阅读与表达能力训练

(一)

阅读下面的文字，完成6—8题。

君子曰：学不可以已。青，取之于蓝而青于蓝；冰，水为之而寒于水。木直中绳，輮以为轮，其曲中规，虽有槁暴，不复挺者，輮使之然也。故木受绳则直，金就砺则利，君子博学而日参省乎己，则知明而行无过矣。

6. 这段文字中用了哪些比喻？（引用原文回答）_____

_____

_____

7. 这一系列比喻分别论证了什么问题？_____

_____

_____ 得出的结论是 _____

8. 默写课文第2自然段（从"吾尝终日而思矣"到"善假于物也"）。

(二)

阅读下面的文字，完成9—13题。

积土成山，风雨兴焉；积水成渊，蛟龙生焉；积善成德，而神明自得，圣心备焉。故不积跬步，无以至千里；不积小流，无以成江海。骐骥一跃，不能十步；驽马十驾，功在不舍。锲而舍之，朽木不折；锲而不舍，金石可镂。蚓无爪牙之利，筋骨之强，上食埃土，下饮黄泉，用心一也；蟹六跪而二螯，非蛇鳝之穴，无可寄托者，用心躁也。

9. 下列各句中，"之"的用法为代词的一句是 （　　）

A. 蚓无爪牙之利，筋骨之强

B. 非蛇鳝之穴，无可寄托者

C. 锲而舍之，朽木不折

10. 翻译下列语句。

（1）故不积跬步，无以至千里。

_____

（2）蟹六跪而二螯，非蛇鳝之穴，无可寄托者，用心躁也。

_____

11. 本段共6句，共分几层，请在文中用"//"线标出。

12. 本段运用的论证方法是 _____

13. 以喻代议、寓议于喻是这段文字的特点，你认为这段文字议论的中心是

_____

_____

拓展 延伸

（一）

阅读下面的文字，并回答问题。

腹有诗书气自华

黄华滨

偶尔想起古人读书的情景。

古私塾。学生每日一进门，塾师便让学生坐下来读书。于是，琅琅的读书声不绝于耳。接下来，塾师开始一个个检查背诵，检查完就开始讲解，教一句，学生跟一句，不讲中心，亦不析段落，更不谈句法篇章。

数年来，我们的祖先就是这样一代一代，读万卷书，行万里路，涌现出了许多的文学家，并积累了丰富的文学遗产。

想到此，我便想到今天中学生在怎样读书，该怎样读书。

斗转星移，时代永远在进步。古人读书不必袭用，但诵读之法、诵读之风却

是我们当推而广之且终身使用终身受益的。先哲前辈为我们留下的《增广贤文》《论语》，还有唐诗宋词元曲及其他格言警句等都是我们诵读的好材料。

日积月累重诵读，非一日之功，但受用一生，应为中学生读书第一要旨。

坚持不懈读名著，主要是小说。不在多，贵在坚持。中学生集中读名著的时间少，可利用周末、假期，每学期读一部或两部。既不必追求情节的大起大落、情感的大喜大悲，也不必细读细品，但求读出感受、读出形象、悟出哲思。读这些经过历史沉淀的、对人类精神文化影响巨大的经典名著，可以帮助我们从小树立阅读的高起点、高品位，感悟名著的思想精神魅力，在我们最具可塑性的阶段丰富我们的情感内涵：至死不渝的忠诚、热情似火的浪漫、晶莹剔透的纯真……

精读细品读散文。在我看来，初中生还是读点散文好。散文要精读细读，读散文最能考验我们读书的耐性，读好了也最能赋予我们写作的灵气，给予我们文章以神韵。老舍、朱自清、冰心等散文宗师的作品是我们精读散文的范本，林清玄、张晓风、毕淑敏、简桢、余秋雨、季羡林等的美文小品更是不可多得的佳作。他们或清新，或古朴，或深邃，或平实。边读边品，亦读亦思。如品佳酿，如饮清茶，别是一番滋味上心头。

不拒细流勤摘录。阅读是一个长期坚持、不断积累的过程。只要是好书，可以不择文体、不挑主题；可以是鸿篇巨制，可以是豆腐小块，也可以是期刊文萃。读好书，勤摘录。积累素材，夯实语言根基；积累美句，提高语文素养；积累构思，丰富表现技巧。"海纳百川，有容乃大。"如此读书，如此积累，应是读书的大境界了。

啰唆几句，语不惊人。唯愿中学生们能多多读书，好好读点书，仅此而已。

（选自《语文学习报（教师版）》2004 年第 1 期，有改动）

1. 在作者看来，诵读是读书的第一要旨，那么诵读诗书应该养成哪些良好的习惯呢？

_____

_____

（二）

阅读下面的文字，并回答问题。

香 菱 学 诗 ①

曹雪芹

香菱见过众人之后，吃过晚饭，宝钗等都往贾母处去了，自己便往潇湘馆中来。此时黛玉已好了大半，见香菱也进园来住，自是欢喜。香菱因笑道："我这一进来了，也得了空儿，好歹教给我作诗，就是我的造化了！"黛玉笑道："既要作诗，你就拜我作师。我虽不通，大略也还教得起你。"香菱笑道："果然这样，我就拜你作师。你可不许腻烦的。"黛玉道："什么难事，也值得去学！不过是起承转合②，当中承转是两副对子，平声对仄声，虚的对实的，实的对虚的，若是果有了奇句，连平仄虚实不对都使得的。"香菱笑道："怪道我常弄一本旧诗偷空儿看一两首，又有对的极工的，又有不对的，又听见说'一三五不论，二四六分明'。看古人的诗上亦有顺的，亦有二四六上错了的，所以天天疑惑。如今听你一说，原来这些格调规矩竟是末事，只要词句新奇为上。"黛玉道："正是这个道理。词句究竟还是末事，第一立意要紧。若意趣真了，连词句不用修饰，自是好的，这叫作'不以词害意'。"香菱笑道："我只爱陆放翁的诗'重帘不卷留香久，古砚微凹聚墨多'，说的真有趣！"黛玉道："断不可学这样的诗。你们因不知诗，所以见了这浅近的就爱，一入了这个格局，再学不出来的。你只听我说，你若真心要学，我这里有《王摩诘③全集》，你且把他的五言律读一百首，细心揣摩透熟了，然后再读一二百首老杜④的七言律，次再李青莲⑤的七言绝句读一二百首。肚子里先有了这三个人作了底子，然后再把陶渊明、应场、谢、阮、庾、鲍⑥等人的一看。你又是一个极聪敏伶俐的人，不用一年的工夫，不愁不是诗翁了！"香

---

① 香菱被人贩子卖给薛蟠做妾。当时薛蟠外出经商，香菱得以跟宝钗一起住进了大观园。本文就是香菱到潇湘馆拜访黛玉请求学诗的情节。

② 起承转合：旧体诗文常用的行文顺序。起，开端。承，承接上文进一步加以申述。转，转折，从另一方面论述主题。合，结束语。

③ 王摩诘：即唐代诗人王维，字摩诘。

④ 老杜：指唐代著名诗人杜甫。为了区别于稍后的晚唐诗人杜牧，故世称杜甫为"老杜"，杜牧为"小杜"。

⑤ 李青莲：即李白，幼时曾随父迁居四川绵州彰明（今四川省江油市）青莲乡，自号青莲居士。

⑥ 应场（yáng）、谢、阮、庾、鲍：应场，字德琏，东汉末年诗人，"建安七子"之一。谢，指南朝宋诗人谢灵运。阮，指三国时魏诗人阮籍，字嗣宗，"竹林七贤"之一。庾，指北朝周诗人庾信，字子山。鲍，指南朝宋诗人鲍照，字明远。

菱听了，笑道："既这样，好姑娘，你就把这书给我拿出来，我带回去夜里念几首也是好的。"黛玉听说，便命紫鹃将王右丞的五言律拿来，递与香菱，又道："你只看有红圈的都是我选的，有一首念一首。不明白的问你姑娘，或者遇见我，我讲与你就是了。"香菱拿了诗，回至蘅芜苑中，诸事不顾，只向灯下一首一首的读起来。宝钗连催他数次睡觉，他也不睡。宝钗见他这般苦心，只得随他去了。

（节选自《红楼梦》第四十八回，人民文学出版社 1985 年版。标题是编者加的）

2. 结合具体语境，解释加点句"不以词害意"的含义。

_____

3. 怎样理解"重帘不卷留香久，古砚微凹聚墨多"的意思？文中黛玉为什么反对香菱学写这样的诗？

_____

_____

4. 概括这段文字的主要内容。

_____

5. 一个孤苦的女子，痴心学诗，你从中得到了哪些启发？

_____

（三）

6. 根据所给材料，写一篇介绍胡萝卜的说明文。

① 4 000 年前，人们已经种植胡萝卜。

② 胡萝卜是一种重要作物，许多国家都大面积栽培。

③ 胡萝卜营养价值高，含有大量胡萝卜素。

④ 胡萝卜便于贮存。

⑤ 胡萝卜的食用方法很多。

⑥ 汉武帝时期，张骞出使西域，把胡萝卜种子带回汉朝。

⑦ 胡萝卜是古希腊和罗马人很熟悉的一种蔬菜。

要求：

① 按照一定的顺序说明。

② 重点突出。

③ 运用恰当的说明方法。

④ 不少于 500 字。

综合自测题（A卷）

（共 100 分，自测时间为 120 分钟）

第　Ⅰ　卷

一、选择题（每小题2分，共20分）

1. 下列词语中，加点字的注音完全正确的一组是（　　　）

A. 点缀（zhuì）　　尸骸（hái）　　奖券（juàn）　　聆（líng）听

B. 愤懑（mèn）　　伫（zhù）立　　蹒（pán）跚　　短暂（zhàn）

C. 徘徊（huái）　　宽宥（yòu）　　嗥（háo）叫　　皱褶（zhě）

D. 遒（qíu）劲　　栖（qī）息　　婀娜（nuó）　　颔（hán）首

2. 下列词语中，没有错别字的一组是（　　　）

A. 黝黑　慰籍　羞涩　无影无踪　　　　B. 馈赠　白皙　胆怯　心喜若狂

C. 隔模　笨拙　炫耀　良师益友　　　　D. 踌躇　积攒　寂寥　恰如其分

3. 下列句子中，没有错别字的一句是（　　　）

A. 我替山坡起了个名字，叫幸福的阶梯，山路被我换做空中走廊！

B. 读书加慧于人们的不仅是知识的增广，而且还在于精神的感化与陶冶。

C. 世上如果曾有误解和诽谤，充满阳光的心灵却能宽宥和融化一切。

D. 金红的火焰中，每一块红柳根，都弥久地维持着盘根错节的形状，好像一颗傲然不屈的英魂。

4. 下列句子中，标点符号完全正确的一句是（　　　）

A. 老人说："你能不能补画一张送我，作为我晚年最珍贵的收藏"？

B. 树的美在于姿势的清健或挺拔、苗条或婀娜，在于活力、在于精神！

C. 我想人是由三部分组成的：对往事的追忆；对现实的把握和对未来的

憧憬。

D. 我们看见一只雌鹿——当时我们是这样认为——正在涉过这条急流，它的胸部淹没在白色的水花中。

5. 下列词语中，解释有错误的一项是（　　　）

A. 笑靥：笑时脸上露出的酒窝，也指笑脸。

B. 凛冽：非常威风的样子。

C. 葳蕤：形容枝叶繁盛的样子。

D. 惊诧：惊讶，觉得奇怪。

6. 下列词语中，不全是成语的一组是（　　　）

A. 矢志不渝　本末倒置　　　　　　B. 燃眉之急　忐忑不安

C. 冷汤剩饭　游目骋怀　　　　　　D. 毛骨悚然　众目睽睽

7. 下列句子中，加点字词的解释不正确的一项是（　　　）

A. 王于兴师　　老师　　　　　　　B. 与子同仇　　你

C. 玉壶光转　　月亮　　　　　　　D. 何以解忧？唯有杜康　　酒

8. 下列有关语文知识的表述，不准确的一项是（　　　）

A. 《诗经》是我国第一部诗歌总集，收录了从西周到春秋时期的诗歌305首。

B. "意境"是指文学作品中，生活图景和思想感情融合一致的艺术境界。讲究意境是散文的主要特点。

C. 肖像描写也叫外貌描写，是对人物的容貌、身材和衣着进行描写。

D. 便条是一种具有一定格式、内容单一、书写简便、使用广泛的条据类应用文。

9. 下列对课文的说明和分析，正确的一项是（　　　）

A. 《金大力》是一篇写人散文，叙述了一位瓦匠手艺不够格，却想方设法当上瓦匠头儿的故事。

B. 《拿来主义》是鲁迅的著名杂文，阐明了如何正确对待外国文化的问题。

C. 《故都的秋》是一篇富于哲理的散文，作者融情于景，表现了自己悲凉的心境。

D. 《项链》是一篇脍炙人口的短篇小说，作者是英国的莫泊桑。

10. 对下列句子修辞手法的判断，有错误的一项是 （　　　　）

A. 我年轻、旺盛的精力像风在吼，我热情、澎湃的生命似水在流。（比拟）

B. 回来，我的青春！回来呀！（反复）

C. 山如眉黛，小屋恰似眉梢的痣一点。（比喻）

D. 孩子们的祝福是美好的，为什么我们不能以美好的心态来对待孩子们呢？（反问）

二、填空题（每空1分，共10分）

11. 秋天，无论在什么地方的秋天，总是好的；可是啊，北国的秋，却特别地 _____，_____，_____。

12. 我愿意是急流，_____，在崎岖的路上、岩石上经过……只要我的爱人是一条小鱼，在我的浪花中，_____。

13.《劝学》的作者是_____。

14. 在横线处补写下列名篇名句中的空缺部分。

（1）君子曰：_____。青，_____；冰，水为之而寒于水。

（2）匪女之为美，_____。

第　Ⅱ　卷

三、阅读题（每空2分，共20分）

阅读下面的文字，完成 15—19 题。

（一）

人们从读书学做人，从那些往哲先贤以及当代才俊的著述中学得他们的人格。人们从《论语》中学得智慧的思考，从《史记》中学得严肃的历史精神，从《正气歌》学得人格的刚烈，从马克思学得入世的激情，从鲁迅学得批判精神，从列夫·托尔斯泰学得道德的执着；歌德的诗句刻写着睿智的人生，拜伦的诗句呼唤着奋斗的热情。一个读书人，是一个有机会拥有超乎个人生命体验的幸运人。

15. 这段文字有三个句子，第一句和第二句是_____关系，第二句和第三句是_____关系。

16. 《论语》的作者是_____，《史记》的作者是_____。

17. 这段文字主要使用了_____的修辞手法。

（二）

海有多宽，一排排的碧峰就有多宽，乐此不疲地向这边推进。远处，可见细小的白浪，像一条条白色的美人鱼，横着向这边游来。一圈圈白浪扑到礁石的脚下，热吻着礁石黑亮的脚指头，吻遍礁石的脚趾。

大海对礁石矢志不渝的爱，令我对礁石也刮目了。礁石，一无虚饰地袒露着。礁石就是礁石，不是大理石，不是钟乳石，而是最不起眼的礁石。用不着开采，用不着珍藏，用不着保护，用不着雕琢。率真自然就是美，就是无价，就是叫人珍爱的。礁石说不爱大海就不爱，不暧昧，不矫情。于是反叫大海越发地爱个不停。

18. 这是一篇以《读海》为题的散文的节选，写出了人类对大海应有的理解，海的情态折射出作者的思想情感。从上文中找出能概括大海情态的词语，是_____；能概括礁石情态的词语是_____。

19. 这段散文语言优美形象，用了多种修辞手法：主要有_____、_____和_____。

四、综合题（共20分）

阅读下面的文字，完成20—25题。

人们在吃饱穿暖之后，知道了要储蓄，以便在需要的时候支取它，借助它走出困境。每当我清点一张张金额不大但令人鼓舞的存单时，心里就有一种感悟：人生，不也是储蓄吗？

一个人呱呱坠地，便开始储蓄真情。这一储蓄会伴随他或她走过一生。他们所储蓄的，是一种血肉相连的情感，是一笔超越时空的财富，无论离得多远、隔得多久，都可以随意支取和享用它们。有了亲情这笔储蓄，即使在物质上很贫困，精神上却是富有的；而不懂得或丢失了亲情的储蓄，无异于泯灭了本性和良心。

友情，也是人生一笔受益匪浅的储蓄。这储蓄，是患难之中的倾囊相助，是错误路上的逆耳忠言，是跌倒时的一把真诚的搀扶，是痛苦时抹去泪水的一缕春风。真正的友情储蓄，不是可以单向支取的，而要通过双方的积累加重其分量，任何带功利性的友情储蓄，不仅得不到利息，而且连本钱都会丧失殆尽。

爱情是一种幸福而艰苦的储蓄。一对陌路相遇的男女，婚前相恋固然需要执着的储蓄，而要在一个屋檐下应对几十年的风风雨雨，又需要储蓄多少和谐、多少默契、多少理解、多少扶助啊！这绝不是靠花前月下、甜言蜜语的一次性投入可以解决问题的。享用这笔储蓄如享用清冷中的一盆火、泥泞中的一缕阳光、患病时的一句深情的话语、彷徨时的一番温柔的鼓励。爱情的常爱常新，需要月月储蓄、日日积攒。

学识的储蓄要锲而不舍。一个人从幼小到成熟的过程，就是不断储蓄知识的过程。接受小学、中学、大学乃至更高的教育，这仅仅是储蓄知识的一个方面。重要的在于刻苦勤勉，日积月累，不断地充实和更新知识，坚持活到老学到老、"储蓄"到老。人生需要储蓄的东西很多。储蓄人生，就是要储蓄人生中那些最宝贵、最难忘、最精致的部分。储蓄一切至真至善至美。一个人懂得储蓄什么，并知道怎样去储蓄，实在是一种智慧与幸运。

20. 下列词语中，加点字的书写和拼音都正确的一项是（　　　）（2分）

A. 泯（mǐn）灭　　　　积攒（zǎn）　　　　锲（qì）而不舍

B. 彷（páng）徨　　　　陌（mò）路　　　　受益匪（fěi）浅

C. 执着（zhù）　　　　默契（qì）　　　　甜言密（mì）语

D. 丧失殆（dài）尽　　　倾（qīng）囊相助　　储（zhù）蓄

21. 下列句子中，未运用排比修辞手法的一项是（　　　）（2分）

A. 这储蓄，是患难之中的倾囊相助，是错误路上的逆耳忠言，是跌倒时的一把真诚的搀扶，是痛苦时抹去泪水的一缕春风。

B. 而要在一个屋檐下应对几十年的风风雨雨，又需要储蓄多少和谐、多少默契、多少理解、多少扶助啊！

C. 爱情的常爱常新，需要月月储蓄、日日积攒。

D．享用这笔储蓄如享用清冷中的一盆火、泥泞中的一缕阳光、患病时的一句深情的话语、彷徨时的一番温柔的鼓励。

22．下列各项都源于文章的重点句，最适合当标题的一项是（　　　）（2分）

A．储蓄是一种智慧与幸运　　　　B．储蓄一切至真至善至美

C．储蓄人生　　　　　　　　　　D．人生，不也是储蓄吗？

23．文中谈到人生应该储蓄亲情、友情、爱情、学识。作者认为，储蓄友情要_____；储蓄学识要_____。（4分）

24．本文用储蓄比喻人生，文中多次出现储蓄的专门用语，如_____、_____、_____、_____等，把抽象的人生道理写得形象生动，通俗易懂。（4分）

25．储蓄是一种智慧，你在现实生活中最需要储蓄的是什么？准备怎样储蓄？请用简明的语言概括自己阅读后的感悟。（6分）

_____

_____

五、口语交际题（每小题5分，共10分）

26．你现在是一名中等职业学校的学生，下周要参加初中同学聚会。就读于普通高中的同学对职业学校很感兴趣，你将怎样向他们介绍你现在就读的学校、所学的专业、未来的职业以及职业教育与基础教育最大的区别？写出你要讲的话。要求：语言通俗、简明、准确，条理清楚，约150个字。

_____

_____

_____

27．李明第一次去刘老师家拜访，刘老师不在家。李明向刘老师的儿子小强做了自我介绍并说明来意；在等待刘老师期间，刘老师的母亲进了门，小强向祖母介绍了李明。请依据当时情境拟出李明、小强和祖母三人的对话。

_____

_____

_____

_____

六、写作题（20分）

28. 随着市场经济的发展，各种传媒广告都出现一些用同音或相近音的字取代成语中某个字的现象，如"随心所浴""衣衣不舍""默默无蚊""百衣百顺"，等等。请先正确写出这4个成语，再分析各是销售什么商品的广告，然后再举出两个类似的例子，并写一篇评论，说明你对这种现象的看法。要求：观点要鲜明，例子要准确，分析要有理有据；500字左右。

"随心所浴"——　　　　　　　　　　举例1：_____

"衣衣不舍"——　　　　　　　　　　举例2：_____

"默默无蚊"——

"百衣百顺"——

评论：题目_____

综合自测题（B 卷）

（共 100 分，自测时间为 120 分钟）

第 I 卷

一、选择题（每小题2分，共20分）

1. 下列词语中，加点字的书写和注音完全正确的一组是（　　）

A. 鞭笞（chì）　　　阡陌（mò）　　　不暗（àn）世事

B. 侥（jiǎo）幸　　　玄（xuán）虚　　　饥肠辘辘（lù）

C. 攀（pán）援　　　懊（ào）丧　　　心悦（yuè）诚服

D. 吝（lìn）啬（sè）　　废墟（xū）　　　芸芸（yún）众生

2. 下列词语中，解释不够准确的一组是（　　）

A. 尴尬：不自然的样子　　　徜徉：安闲自在地步行

B. 馈赠：赠送（礼品）　　　葳蕤：草木枝叶繁茂

C. 蹉跎：光阴白白地过去　　踌躇：犹豫，或很得意的样子

D. 暮霭：傍晚的云气　　　遏制：制止

3. 下列句子中，没有语病的一句是（　　）

A. 校区总体设计工作，融会了各派的建筑风格，得到大家的充分肯定。

B. 展览馆里陈列着各色各样的孔繁森同志生前使用过的东西。

C. 大批灾区儿童重新走进了宽敞明亮的教室，坐上了崭新的桌椅，广大家长对此十分满意。

D. 降价促销是一种低层次的竞争手段，通过降价来促销，有如饮鸩止渴。

4. 下列各句中，标点符号使用有误的一句是（　　）

A. 可是，我，我给家庭带来了不幸：我生下来，母亲晕过去半夜，才睁眼看

87

见她的老儿子——感谢大姐，把我揣在怀中，致未冻死。

B. 我只觉得出外时身轻如飞，山路自动地后退；归来时带几分雀跃的心情，一跳一跳就跳过了那些山坡。

C. 一天，司务长布置任务——全体打柴去！我以为自己听错了，高原之上，哪里有柴？

D. 笛卡儿说："读一本好书，就是和许多高尚的人谈话。"这就是读书使人向善；雨果说："各种蠢事，在每天阅读好书的影响下，仿佛被烤在火上一样渐渐熔化。"这就是读书使人避恶。

5. 为下面诗句所加的标点符号，最准确的一项是（　　　）

坚贞就在这里

爱

不仅爱你伟岸的身躯

也爱你坚持的位置　足下的土地

A. ——，，，！　　　　　　　B. ：　——，，。

C. ——：，，。　　　　　　　D. ，　　：、。

6. 下列句子中，加点成语使用不当的一句是（　　　）

A. 学习上遇到问题，我们一定要不耻下问，虚心向老师请教。

B. 虽然积雪还没融尽，然而清风已经没了冬日的凌厉，田间每个人都如沐春风，心情也随之豁然开朗。

C. 近年来，中小学生受伤害的事故层出不穷，应引起社会的广泛关注。

D. 成功者不是守株待兔的人，成功者往往是一面学习一面等待适当时机的人。

7. 下列各句中，加点词语解释不正确的一项是（　　　）

A. 俟我于城隅　俟：等待　　　　　B. 夫子哂之　　　哂：微笑

C. 假舟楫者　假：凭借　　　　　　D. 以吾一日长乎尔　长：高

8. 下列问句中，属于反问的一项是（　　　）

A. 小屋点缀了山，什么来点缀小屋呢？那是树！

B. 有时深夜，我会突然想起那些高原上的原住民，它们的魂魄，如今栖息在何处云端？

C. 没有绿色哪有生命？没有生命哪有爱情？没有爱情哪有歌声？

D. 你们是否听说过有关红玫瑰的传说？

9. 对下列各句所用修辞手法的辨析，有误的一项是（　　）

A. 红柳强大的根系如盘卷的金属，坚挺而硬韧，与沙砾黏结得如同钢筋混凝土。（比喻）

B. 红柳的根一旦燃烧起来，持续而稳定地吐出熊熊的热量，好像把千万年来，从太阳那里索得的光芒，压缩后爆裂出来。（比喻、夸张）

C. 金红的火焰中，每一块红柳根，都弥久地维持着盘根错节的形状，好像一颗傲然不屈的英魂。（比喻）

D. 四月的一天，春风就像母亲的手抚摸你的额头，抚摸你的粗糙的小脸蛋，抚摸你忧伤的心。（拟人、排比）

10. 填入文中横线上的句子，与文段衔接恰当的一项是（　　）

　　娇生惯养是低能儿的摇篮，高山上寒土使苍松翠柏更加挺拔。司马迁身受宫刑，文章字字珠玑。李后主被禁，词境为之一变。清兵入关，八旗子弟养尊处优，终成一群废物。刘青山进城后生活腐化，蜕变为人民的死敌。＿＿＿＿＿＿＿＿＿＿＿＿＿＿＿＿＿＿＿＿

A. 成功和失败就是这么简单。

B. "生于忧患，死于安乐"真是至理名言。

C. 失败是成功之母。

D. 逆境出人才。

二、填空题（10分）

11. 在下列成语中的错别字下画线，在括号中填上正确的字。（5分）

穿流不息（　　）　　　　略见一般（　　）

墨守陈规（　　）　　　　礼上往来（　　）

一口同声（　　）　　　　如火如荼（　　）

阴谋鬼计（　　）　　　　按步就班（　　）

英雄倍出（　　）　　　　变本加利（　　）

12. "昔我往矣，＿＿＿＿＿＿＿。＿＿＿＿＿＿，＿＿＿＿＿＿＿。"这句诗

出自我国古代诗歌总集《_____》中的《_____》。（5分）

第 Ⅱ 卷

三、阅读题（共20分）

阅读下面的文字，完成13—22题。

（一）

譬如罢，我们之中的一个穷青年，因为祖上的阴功（姑且让我这么说说罢），得了一所大宅子，且不问他是骗来的，抢来的，或合法继承的，或是做了女婿换来的。那么，怎么办呢？我想，首先是不管三七二十一，"拿来"！但是，如果反对这宅子的旧主人，怕给他的东西染污了，徘徊不敢走进门，是孱头；勃然大怒，放一把火烧光，算是保存自己的清白，则是昏蛋。不过因为原是羡慕这宅子的旧主人的，而这回接受一切，欣欣然的蹩进卧室，大吸剩下的鸦片，那当然更是废物。"拿来主义"者是全不这样的。

他占有，挑选。看见鱼翅，并不就抛在路上以显其"平民化"，只要有养料，也和朋友们像萝卜白菜一样的吃掉，只不用它来宴大宾；看见鸦片，也不当众摔在毛厕里，以见其彻底革命，只送到药房里去，以供治病之用，却不弄"出售存膏，售完即止"的玄虚。只有烟枪和烟灯，虽然形式和印度、波斯、阿剌伯的烟具都不同，确可以算是一种国粹，倘使背着周游世界，一定会有人看，但我想，除了送一点进博物馆之外，其余的是大可以毁掉的了。还有一群姨太太，也大可以请她们各自走散为是，要不然，"拿来主义"怕未免有些危机。

总之，我们要拿来。我们要或使用，或存放，或毁灭。那么，主人是新主人，宅子也就会成为新宅子。然而首先要这人沉着，勇猛，有辨别，不自私。没有拿来的，人不能自成为新人，没有拿来的，文艺不能自成为新文艺。

13. 下列各词中，加点字注音正确的一项是（   ）（2分）

A. 譬（pì）如   宅（zhái）子   B. 孱（càn）头   徘（pái）徊（huí）

C. 勃（bó）然大怒   脑髓（suí）   D. 国粹（cuì）   蹩（biē）进

14. 这段文字所表达的论点是 （　　）（2分）

A. 所以我们要运用脑髓，放出眼光，自己来拿！

B. "拿来主义"者是全不这样的。

C. 他占有，挑选。

D. 总之，我们要拿来。

15. 根据课文内容，写出下列喻体所对应的本体。（4分）

大宅子——　　　　　　　　　　鱼翅——

鸦片——　　　　　　　　　　姨太太——

16. 文章最后一个自然段论述的问题主要是 （　　）（2分）

A. 正确继承文化遗产能有什么结果。

B. 实行"拿来主义"的重要性和紧迫性。

C. 应该怎样对待文化遗产。

D. 对文化遗产应如何区别对待。

（二）

积土成山，风雨兴焉；积水成渊，蛟龙生焉；积善成德，而神明自得，圣心备焉。故不积跬步，无以至千里；不积小流，无以成江海。骐骥一跃，不能十步；驽马十驾，功在不舍。锲而舍之，朽木不折；锲而不舍，金石可镂。蚓无爪牙之利，筋骨之强，上食埃土，下饮黄泉，用心一也；蟹六跪而二螯，非蛇鳝之穴，无可寄托者，用心躁也。

17. 这段文言文节选自＿＿＿＿＿＿＿＿，作者是＿＿＿＿＿＿。（2分）

18. 对下列加点字词的解释，错误的一项是 （　　）（1分）

A. 而神明自得 （于是）　　　　　　B. 故不积跬步 （一步）

C. 驽马十驾 （十天所走的路程）　　D. 上食埃土 （向上）

19. 对下列句子所用修辞手法的判断，错误的一项是 （　　）（1分）

A. 积土成山，风雨兴焉 （比喻）

B. 上食埃土，下饮黄泉 （夸张）

C. 骐骥一跃，不能十步 （借代）

D. 蟹六跪而二螯，非蛇鳝之穴，无可寄托者，用心躁也 （拟人）

20. 对这段文字所用论证方法的判断，正确的一项是 （　　　）（2分）

A. 对比论证、引证　　　　　　　　　　　B. 比喻论证、对比论证

C. 比喻论证、分类论证　　　　　　　　　D. 引证、分类论证

21. 翻译时需要调整词语顺序的有 （　　　）（　　　）（2分）

A. 爪牙之利　　　B. 筋骨之强　　　C. 无以至千里　　　D. 锲而不舍

22. 本段文字主要论述的是 （　　　）（2分）

A. 学习过程　　　B. 学习意义　　　C. 学习方法、态度　　D. 学习目的

四、综合题（共20分）

阅读下面的文字，完成23—29题。

（一）

在非洲中部干旱的大草原上，有一种体形肥胖臃肿的巨蜂。巨蜂的翅膀非常小，脖子也很粗短。但是这种蜂在非洲大草原上能够连续飞行250千米，飞行高度也是一般蜂所不能及的。它们平时藏在岩石缝隙或者草丛里，一旦有了食物目标，立即振翅飞起。当它们发现这一地区即将面临极度干旱的时候，它们就会成群结队地迅速逃离，向着水草丰美的地方飞去。

这种强健的蜂被科学家称为"非洲蜂"。在能够飞行的物种当中，它们的飞行条件是最差的，甚至连鸡都不如；从流体力学来分析，它们的身体和翅膀的比例根本不能够让它们起飞，即使人们用力把它们扔上天空，它们也会立刻掉下来摔死，因为短小的翅膀不可能产生承载肥胖身体的浮力。

但事实却是，非洲蜂不仅能飞，而且是飞行队伍里最强健、最有耐力、飞得最远的物种之一。哲学家对此给出了结论：非洲蜂天资低劣，但它们必须生存，它们若不能飞行，就只有死路一条。

23. 给下面的加点字注音。（2分）

臃（　　　）肿　　　承载（　　　）　　　缝隙（　　　）　　　低劣（　　　）

24. 画线的句子是哲学家的一种看法，你同意这个结论吗？如果同意，请用简明的语言说明"生存"与"死亡"的关系；如果不同意，请从不同角度写出你的领悟。（3分）

同意：＿＿＿＿＿＿＿＿＿＿＿＿＿＿＿＿＿＿＿＿＿＿＿

不同意：＿＿＿＿＿＿＿＿＿＿＿＿＿＿＿＿＿＿＿＿＿＿

25. 按照你的理解，为短文加上准确、醒目的标题。（2分）

＿＿＿＿＿＿＿＿＿＿＿＿＿＿＿＿＿＿＿＿＿＿＿＿＿＿＿＿

26. 你从"非洲蜂"现象得到什么启示？（3分）

＿＿＿＿＿＿＿＿＿＿＿＿＿＿＿＿＿＿＿＿＿＿＿＿＿＿＿＿

＿＿＿＿＿＿＿＿＿＿＿＿＿＿＿＿＿＿＿＿＿＿＿＿＿＿＿＿

（二）

论　责　任

任仲平

总有这样一些人让我们感动：党的好干部牛玉儒以勤政为民、忘我工作诠释"生命一分钟，敬业六十秒"，桥吊工人许振超在普通岗位上创出世界一流的"振超效率"，乡邮递员王顺友二十年如一日在大凉山中用脚步丈量工作的苦乐……从中，人们无不感受到一种品格、一种境界，这就是对国家、对人民、对事业的责任。

也有这样一些事令我们痛心：惨痛矿难带来人民生命财产的重大损失，假劣食品导致许多无辜百姓受到伤害，严重污染造成难以挽回的生态灾难……从这些安全事故和重大案件中，人们看到了共同的祸根，这就是责任的缺失。

什么是责任？责任是分内应做的事情，也就是承担应当承担的任务，完成应当完成的使命，做好应当做好的工作。

责任无处不在，存在于生命的每一个岗位。父母养儿育女，儿女孝敬父母，老师教书育人，学生尊师好学，医生救死扶伤，军人保家卫国。人在社会中生存，就必然要对自己、对家庭、对集体、对祖国承担并履行一定的责任。责任只有轻重之分，而无有无之别。

责任是一种客观需要，也是一种主观追求。一切追求文明和进步的人们，应该基于自己的良知、信念、觉悟，自觉自愿地履行责任，为国家、为社会、为他人作出自己的贡献。无论是道德责任，还是法定责任，都不以个人意志为转移。

不履行道德责任，会受到道德的谴责和良心的拷问；不履行法定责任，会受到法律的追究和制度的惩处。

责任是成就事业的可靠途径。责任出勇气，出智慧，出力量。有了责任心，再危险的工作也能减少风险；没有责任心，再安全的岗位也会出现险情。责任心强，再大的困难也可以克服；责任心差，很小的问题也可能酿成大祸。

责任是实现人的全面发展的必由之路。有理想、有道德、有文化、有纪律，都以责任相联结，都通过履行责任来体现，来升华。每个人只有在全面履行责任中，才能使自己的潜在能力得到充分的挖掘和发挥。每个人只有在推动社会的进步中，才能实现个性的丰富和完美。

中华民族是勇于承担责任的民族，勇于承担责任是中华民族的优良传统。大禹治水"三过家门而不入"；诸葛亮任事"鞠躬尽瘁，死而后已"；_____；林则徐铭志"苟利国家生死以，岂因祸福避趋之"。挺身而出，尽忠职守，利居众后，责在人先，是志士仁人薪火相传的思想标杆，是中华儿女生生不息的精神动力。

当前，我们正在建设社会主义和谐社会。构建和谐社会的过程，从一定意义上说，也是建设责任社会的过程。"各自责则天清地宁，各相责则天翻地覆。"每一位公民都各司其职、各负其责，才能形成全体人民各尽其能、各得其所而又和谐相处的社会。对个人是这样，对所有的地方、部门、企事业单位也是这样。

责任是高尚的，需要崇尚；责任是美好的，需要赞美。每一个公民都要自觉承担起自己应尽的责任。

(选自《人民日报》，2005 年 9 月 19 日，有删改)

27. 文章的中心论点是什么？

_____

_____

28. 本文阐述了"责任"的多种作用，请至少写出三种。

_____

_____

29. 文章的第 1、2 自然段有何作用？

_____

_____

五、口语交际题（10分）

30. 刘立的妈妈要给刘立的爷爷订一份《老人报》，爷爷自己单独生活，妈妈不知爷爷是否已经订阅了这份报纸。妈妈嘱咐刘立打电话办理。刘立先后给爷爷和《老人报》热线打了电话，只用 10 分钟就办妥了此事。请依次写出刘立在这两个电话中所说的话。

打给爷爷的电话：_____

_____

_____

打给《老人报》的电话：_____

_____

_____

六、写作题（20分）

31. 从下列各项中任选一项，根据要求作文。

① 以 "我们的校园" 为话题，写一篇介绍词。

② 以 "童年小伙伴" 为话题，写一篇记叙文。

③ 以 "节日" 为话题，写一篇表达亲情的散文。

要求：标题自拟，文体规范；内容充实，结构完整；语句通顺，文面整洁；无错别字；500 字左右。

附 录

第一单元参考答案

一　沁园春·长沙

一、1. D　2. B　3. A　4. B　5. A

二、(一) 6. 尽染：全都染成红色。碧透：江水碧绿至极。百舸：泛指众多的船只。霜天：深秋季节。　7. 点明人物、时间、地点，交代环境。作者把自己置于秋水长天的广阔背景之中，"独"字既表明是一个人，更显示出砥柱中流的气概。　8. "看"字总领以下几句：万山红遍，层林尽染；漫江碧透，百舸争流。鹰击长空，鱼翔浅底，万类霜天竞自由。描绘的是湘江深秋色彩绚丽壮美的画面。在青年革命者毛泽东眼中的秋，呈现出一种色彩斑斓、生机勃发的美，一种催人奋进、给人力量的美。　9. 略。

(二) 10. 风华正茂：风采才华正盛。用来形容青年朝气蓬勃，年轻有为。书生意气：文中指同学们意气风发。指点江山：评论国家大事。　11. 起承接过渡作用。　12. "恰"字总领以下几句：同学少年，风华正茂；书生意气，挥斥方遒。指点江山，激扬文字，粪土当年万户侯。塑造了早期革命者雄姿英发的革命风貌和豪迈气概。　13. 曾记否，到中流击水，浪遏飞舟？

14.（1）姑娘的问语之所以引起老大爷的不满，是因为她忘记了自己的身份，没有使用规范的语言。她向长辈问路，应该以晚辈的身份说话，而她却言之无礼，怎能不碰钉子呢？（2）"老人家，请问往张村去还有多远？"

15.

请　假　条

张老师：

　　我的母亲最近住院了，急需有人护理，特请假两周，敬请批准。

　　此致

敬礼！

　　附：医生证明。

请假人：邰心如
20××年××月××日

二　爱情诗二首

　　一、1. A　2. C　3. B　4. C　5.（1）无边落木萧萧下　不尽长江滚滚来
（2）盈盈一水间　脉脉不得语　（3）凄凄惨惨戚戚　乍暖还寒时候　（4）大弦
嘈嘈如急雨　小弦切切如私语

　　二、6. 这是作者对爱情的富有哲理的精辟概括。相爱的人应该既有各
自独立的人格和事业，同时又相亲相爱、互相帮助。　7. A　8.（1）点
明故事发生的时代背景，说明战争的创伤并不因战争结束就立刻消散，而
是长久地驻留在经历者的生活中。"新桥"是德国战后重建的象征。
（2）他们以用数字来表明他们的精明能干为乐事，一些毫无意义的空洞的数
字使他们陶醉。（3）为了看"她"，享受看"她"的时间，停下来，放过了
此时走过的人。为了"她"，不惜放弃本职工作，冒着丢饭碗的危险，可见
其爱之深切。　9. 略。

　　10.（1）不符合语境。王大爷本想客气几句，但他忽视了说话的语境，结果
使亲家大为不满。这说明即使是实话实说，也要讲究说话的语言环境和措辞方式。
（2）"我们这儿是个偏僻的地方，厨师的做菜手艺不如大城市的厨师，不合口味
的话，请大家多多包涵！"

　　11.

潇潇：

　　天冷了，我的被子有些薄。听说你本周末准备回家，请帮我从家里捎一床厚

被子来。由于我还有其他事情要办，不能等你回来当面叙谈。拜托了！

肖丽

20××年××月××日

三 歌 词 二 首

一、1. 硕（shuò）果　甜蔗（zhè）　滋（zī）润　巍峨（é）　淙（cóng）淙　祥（xiáng）云　青稞（kē）酒　酥（sū）油茶　2.① 海外赤子② 屈塬　印青　青藏铁路　3. 青松气质　红梅品格　家乡的甜蔗　乳汁滋润着我的心窝　4. 表达出一种对祖国的热爱及献身祖国的情怀。　5. B（《我爱你，中国》既气势磅礴，又含蓄深情）

二、6. 歌词第 1 节和第 2 节用素描的手法勾勒出两幅美丽的早晚画面，预示着铁路会带给人们幸福的生活。　7. 用"神奇""天路"形容青藏铁路，既表达了惊叹之情，又充满了自豪之感。　8. "盼望"改为了"看那"，说明铁路修通的梦想变成了现实，情感又进了一层，人们抑制不住内心的兴奋，再次欣赏这条像"巨龙"一样、为高原送来"安康"的铁路。　9. 并列结构。"天路"缩短了祖国各地和边疆的距离，边疆和内地得到优势互补。"人间的温暖"送到了"边疆"；边疆的"酥油茶""青稞酒"也会被带到祖国各地，幸福的歌声随之"传遍四方"。　10. 整首歌词意境独特优美，用"牧场""神鹰""祥云""蓝天""巨龙""青稞酒""酥油茶"等富有高原特色的意象，描绘出一幅美轮美奂的画卷，仿佛把人们带到了青藏高原那崇山峻岭、雪域霞光、神鹰翱翔的仙境般的境界，令人心驰神往。　11. 整首歌词采用第一人称的写法，像是在倾诉，亲切自然，情感真切，比较容易让人接受。　12.① 我能帮助你做些什么吗？② 没问题，你喜欢什么颜色的包装纸？③ 请您拿好！④ 欢迎再来！　13. 略。

拓 展 延 伸

1. 提示：1 分钟只可复述 500 个字左右，因此需要简化复述内容。原文中具体的评价和描写要舍去，长句尽量压缩，只要把主要内容复述明白就可以了。
2. 提示：爱情是不能用金钱、财富和境遇衡量的。夫妻之间有共同的生活目标，互敬互爱、互相关怀体贴往往是奋斗的动力，这对夫妻做到了，所以，"日子过得不步步登高，那才怪呢!" 　　3. 提示：贫贱夫妻未必百事哀。懂得用爱、快乐和微笑经营日子的人，即使生活在底层，也能把日子过得红红火火。（也可以不同意作者的看法，言之成理即可）

第二单元参考答案

五　故　都　的　秋

一、1. B　2. C　3. C　4. C　5. D

二、6. B　7. C　8. 作者的重心不在雨，而在雨后斜桥的"都市闲人"。作者用轻松欢快的笔调描写都市闲人无忧无虑的生活片段，描写了他们的着装、行动、说话的语调，表现他们的悠闲，抒发他对这种田园般的都市闲人生活的向往之情。

六　离太阳最近的树

一、1. D　2. D　3. D　4. C　5. 看到沙丘怒向苍穹。

二、6. 拟人；赞扬了红柳根顽强的生命力，也突出了作者对红柳的惋惜之情和保护环境的强烈心声。　7. D　8. 略。

七　像山那样思考

一、1. D　2. A　3. B　4. D　5. 略。

二、6. 课文第2自然段："只有这座山长久地存在着，从而能够客观地去听取一只狼的嗥叫。"同："山"与"狼"的和谐相处。异：第2自然段中的句子表达的只是山听取狼的嗥叫；课文最后一句表达的是山理解了狼的嗥叫，但人类却极少能够领悟。　7. A（那是"我"的错误认识）　8. 如：人与鸟——交流、欣赏、关爱、呵护……　9. 略。

拓　展　延　伸

1. 同：用心去听，指自然界的万事万物都要互相尊重，真诚地沟通，和谐相处。异："听取"的主体是"山"，用了拟人的修辞手法；"聆听"的主体是"人"，没有用拟人的修辞手法。　2. 植物有语言，并通过语言沟通，能自我保护、互相帮助。　3. D

第三单元参考答案

九　哦，香雪

一、1. 铁凝　抒情意味　永远有多远（或者《没有纽扣的红衬衫》等）2. B　3. D　4. D　5. C

二、（一）6. D　7. A　8. B

（二）9. 三个行为：① 母亲不生气，俯身搬起砖来。她故意只用一只手搬。② 母亲递给乞丐一条雪白的毛巾。③ 母亲又递给乞丐 20 元钱。（选择哪一个行为都可以，能自圆其说即可）　10. 肖像描写　行动描写　11. B　12. 补充交代母亲让乞丐搬砖并且给他们 20 元钱，是没有任何功利性的，完全是为了教育这些想不劳而获的乞丐。由点到面，深化主题，更加突出了母亲对所有乞丐的教育是一视同仁的：希望他们自食其力。　13. 反映了母亲教育思想的伟大、教育方法的成功；母亲施舍给乞丐的是高贵的人格、高尚的劳动态度。14. 略。

十　项　　链

一、1.（1）主人公的出身、婚姻、她的梦想和苦恼　路瓦栽夫妇受部长之邀将要参加一个晚宴　丢失项链，还清债务　（2）A. 破旧　B. 亲密　C. 自惭形秽　D. 丢　2. C　3. A　4. C　5. A. √　B. √　C. ×　D. √

二、（一）6. C　7. A　8. 略。

（二）9. B　10. 行动描写；借到钻石项链后激动不已。　11. 强调"只"和"一"，表明自己绝不多拿，表现玛蒂尔德坚决要把这挂项链借到手。

十一　荷　花　淀

一、1.（1）一批农村青年，特别是青年妇女　成长过程　爱国主义和革命乐观主义　（2）家乡和生活　鬼子破坏宁静美好生活　2. A　3. A. 跳跃　B. 不像平常　C. 难处　D. 窜　4. B　5. B

二、（一）6. 战斗　比喻　7. 如何解释"参加大部队"的事；水生神情异常。　8. 温馨宁静　勤劳善良　铺垫

（二）9. B　10. C　11. A　12. C　13. 热爱土地，热爱劳动，艰苦奋斗，奋力拼搏等。

14. 略。

拓　展　延　伸

（一）1. "我"去书店读书。有时为了能够把一本书读完又不被店家轰走，"我"要走好几家书店。读书时为了不让店主发现，"我"会到人很多的书店里，并把自己隐藏起来；有时"我"还会贴在一个大人旁边，仿佛"我"是他的小妹妹或小女儿。　2. B　3. A　4. 这句话集中概括了窃读的百般感受，也是作者情感的集中体现。"我"渴望读书，而又无力购买，因此只好"窃读"。但所谓"窃"，也无非是只读不买。"我"在阅读中感受着书籍所带来的智慧与快乐，却时刻害怕被店员或老板发现，受到训斥和轰赶。这种书内世界的吸引与沉迷、书外世界的担忧与紧张，使快乐与惧怕紧密地交织在一起，形成一种复杂的、难以言说的感受，这正是窃读的滋味。　5. "我踮着脚尖，从大人的腋下钻过去。""把短头发弄乱了。"　6. "我很快乐，也很惧怕——这种窃读的滋味！""我喜欢到顾客多的书店，因为那样不会被人注意。""最令人开心的是下雨天，越是倾盆大雨我越高兴，因为那时我便有充足的理由在书店待下去。就像在屋檐下躲雨，你总不好意思赶我走吧！"

（二）7.（1）语言　（2）动作　8. 听说要到女儿的学校去做工，他高兴得不得了；为了女儿他可以不吃早餐，可以忍受领导的训斥。这样的关爱实际上是溺爱，他对女儿的教育是失败的。　9. 说明父亲因对女儿的教育失败而绝望的心态，从此他背起了沉重的思想包袱，几乎被压弯了腰。　10. 因为女儿对父亲的

伤害，会摧毁父亲的梦想和希望，使得他一生的目标彻底丧失。

第四单元参考答案

十三　改造我们的学习

一、1. 谆（zhūn）　凌（líng）　度（dù）　矢（shǐ）　差（chāi）　剥（bō）　觑（qù）　弥（mí）　2. 华，开花。　仆，倒下。　的，箭靶的中心。谬，错误的，荒唐的。　3. B　4. B　5. A

二、（一）6. 中国共产党的二十年，就是马克思列宁主义的普遍真理和中国革命的具体实践日益结合的二十年。　7. 对比。将中国共产党"幼年时期"和"现在"对比，表现了我们对于马克思列宁主义的认识和对于中国革命的认识进步之大。　8. 作者从"一百年来""俄国十月革命之后""抗日战争以来"三个时期概述摸索和掌握真理的过程，进一步强调马克思列宁主义的普遍真理和中国革命的具体实践相结合的巨大意义。

（二）9. 首先，揭示了主观主义态度在三个方面的表现、危害。其次，引用革命导师的教导作对比，分析主观主义者的两种类型和危害的严重性，说明打倒它的必要性。最后，劝告主观主义者改正主观主义的态度。　10. 不能。作者说马克思列宁主义的态度，要有目的地去研究马克思列宁主义的理论，这个"的"就是"中国革命"，有的放矢是前提。明确了目的后，就须不凭主观想象，不凭一时的热情，不凭死的书本，而凭客观存在的事实，"实事求是"地从这些材料中引出正确的结论。　11. 对偶、拟人。这副对联形象地描摹出了主观主义者没有科学态度，只知背诵马克思、恩格斯、列宁、斯大林著作中的若干词句，徒有虚名并无实学的形象特征。　12. 作者用对比论证，将马克思列宁主义的态度与主观主义的态度进行对照阐述。一方面，让读者进一步了解两种态度的特点和本质区别；另一方面，也让读者明白否定主观主义态度后应该有怎样的正确态度。

13. 略。

十四　读书人是幸福人

一、1. C　2. A　3. D　4. A　5. 谢冕　读书人是幸福人

二、6. ① 人们通过阅读，却能进入不同时空的诸多他人的世界。② 读书加惠于人们的不仅是知识的增广，而且还在于精神的感化与陶冶。③ 一个人一旦与书本结缘，极大的可能是注定了做一个与崇高追求和高尚情趣相联系的人。　7. 引证法（引用论证）　证明读书使人向善，使人避恶　8. 略。

十五　拿　来　主　义

一、1. A　2. B　3. D　4. C　5. 鲁迅　周树人　文学　思想　革命　呐喊　彷徨　故事新编　朝花夕拾　野草　且介亭杂文　华盖集　而已集　三闲集

二、6. 类比　"送去主义"自欺欺人的危害及实质

7.

类型	表现	态度
孱头	怕给他的东西染污了，徘徊不敢走进门	不敢接受外国文化
昏蛋	勃然大怒，放一把火烧光	完全否定外国文化
废物	接受一切，欣欣然的蹩进卧室，大吸剩下的鸦片	全盘地接受外国文化
拿来主义	占有，挑选	取其精华，去其糟粕

8. 我们要拿来。我们要或使用，或存放，或毁灭。没有拿来的，人不能自成为新人，没有拿来的，文艺不能自成为新文艺。

拓　展　延　伸

1. ① 美妙的音乐　能给我许多启发的好书　② 刺耳的噪声　令我失望的坏书　③ 小夜曲、牛鸣、苍蝇的嗡嗡、狮吼和魔鬼的歌唱　不同类型的书籍　2. 不一样。前一个"人"指的是高级动物——"人"；后一个"人"指的是有文化、有道德、有修养的"人"。　3. ① 朴素平实　② 善于用比喻和拟人的修辞手法

第五单元参考答案

十七　我的母亲

一、1. C　2. A　3. A　4. A　5. 本题答案不强求一致，符合题干要求就行了。比如：暴雨袭击，山洪冲刷，地面震动，满眼是断壁残垣。

二、（一）6. 时间　送我上学　三姐出嫁　除夕探母　7. 第一层：从"当我小学毕了业的时候"到"她的回答只有一串串的眼泪"；第二层：从"我入学之后，三姐结了婚"到"看花轿徐徐的走去"；第三层：从"不久，姑母死了"到"她已入了土"。　8. 情真意切　朴素平实　怀念与痛惜

（二）9. ① mí　更高。弥，更加。② qiè　镂刻不停，比喻有恒心、有毅力。锲，刻。③ kuī　眼睛顾不上看一看室外的园圃。形容埋头读书，专心治学。④ wù　辛辛苦苦地一年到头这样做。兀兀，劳苦的样子。穷年，终年，一年到头。10. 闻一多先生专心研究中国古代典籍（或中华民族几千年的文化史）。

11. 这句话说明，闻一多先生的"做"，不是单纯地做学问，而是有明确的目的，即通过研究中华民族光辉灿烂的文化史，激发民族自尊心，振奋民族精神，为的是给当时积贫积弱的中国开一剂"文化药方"。

十八　金　大　力

一、1. D　2. D　3. B　4. 金大力是一个块头很大的人。金大力家里开着一片茶水炉子。金大力是个当瓦匠头儿的老实人。　5. 不是疑问，而是感叹，是作者感叹金大力的人缘儿好到了一定程度。

二、（一）6. 早来晚走，不停劳作，照顾同伴，关照主人。　7. 说明金大力清楚地知道自己的手艺，他甘心并且认真做好自己可以做好的事情，如和灰、和泥等小工活，而不是不懂装懂，"逞能卖嘴，指手画脚"。这是作者对金大力朴实、善良品格的高度赞扬。　8. 第一层是拒绝；第二层是他的价值观，干什么活

拿什么钱——他把自己忙前忙后、为大家服务都看作应当的；第三层是以己度人，关心人；第四层是他的人生观——知足。这段话表现了金大力善良、朴实、知足的品德。

（二）9. 母亲鼓励、支持"我"读书。　10. 反映了母亲的矛盾心理，既为儿子说的故事所吸引，又担心儿子长大后"靠耍贫嘴吃饭"，而母亲希望的是儿子长大成为勤劳、本分的人。　11. 不对，但能够理解。因为人们不仅要有物质生活，还要有精神生活，说书人就承担了丰富人们精神生活的任务，他们为民间艺术和我国文学的发展做出了积极的贡献。

十九　　"探界者"钟扬（节选）

一、1. 芥（jiè）　坯（pī）　脊（jǐ）　葩（pā）　薄（báo）　戛（jiá）　侃（kǎn）　檐（yán）　2. ①"青臧"为"青藏"。②"过度"为"过渡"。③"轧"为"扎"。④"滩"为"摊"。　3. ① 低估，过低地估计。② 刷新，指刷洗之后使之变新，比喻突破旧的而创造出新的。③ 挺进，（军队）直向前进。

4. A　5. D

二、（一）6. 接收转导师的学生；为学生量身定制个性化的发展规划；答应接收一直考不上的学生；从少数民族地区招学生，帮助补课。　7. 这句话体现了钟扬对学生的爱和责任，他从不抛弃、不放弃任何一个学生，因为他相信学生就和他所钟爱的种子一样，都很宝贵，都可以长得很好。　8. 因为钟扬的学生都能按照钟扬的教导走上个性化的发展道路，或做科学研究，或做科普，或从事创新创业，为社会贡献自己的聪明才智，成为有用之才。

（二）9. 让更多的生命得以延续。　10. 不宜换为"是"。"甘愿成为"展现的是钟扬内心世界的美好愿望，是他人生的追求。他是这样想的，也是这样做的。"是"表示判断，仅仅呈现出别人对钟扬的认识。　11. 这是借他人之口刻画人物的写法，属于侧面描写。拉琼是钟扬的学生，也经常和钟扬一起工作，非常了解钟扬，借他之口来评述钟扬，更客观，也更可信。

拓 展 延 伸

1.（1）gù　束缚、强力限制。（2）wò chuò　比喻人品质恶劣。（3）nàn

指摘和责问。（4）fú　布帛的边缘，比喻人的仪表、衣着。　2. 心灵美和仪表美

3. C　4. D　5. 饱满的智慧和丰富的学识，也能使一个人的仪表美好起来

6. 略。

第六单元参考答案

二十一　《诗经》二首

一、1. 彤　搔　隅　霏霏　戎　成　踟蹰　贻　2.“莫”同“暮”，指岁暮，即年终。“华”同“花”，花朵。　“说”同“悦”，喜欢，高兴。　“女”同“汝”，你。　“归”同“馈”，赠送。　3. D　4.（1）昔我往矣，杨柳依依。今我来思，雨雪霏霏。　（2）静女其娈，贻我彤管。彤管有炜，说怿女美。自牧归荑，洵美且异。匪女之为美，美人之贻。　5. 风　雅　颂　戍边生活　男女爱情生活

二、（一）6. 杨柳依依——春天　雨雪霏霏——冬天　我心伤悲，莫知我哀　饥寒交迫、步履艰难的疲惫状态。　7.（女子）故意躲藏起来，（男子）见不到；（男子）挠着头，心情不安地走来走去　痴情的、热恋中

（二）8. B　9. B　10.（1）你们看廉将军比起秦王（谁厉害）呢？（2）我这样做的原因，是把国家的安全放在前面，把私人的恩怨放在后面啊！　11. 表现了蔺相如的顾全大局、宽厚待人，“先国家之急而后私仇也”的精神，也表现了廉颇忠于国家、勇于认错的品质。

12. 提示：可重点介绍采用何种捐赠方式，比如除组织本班同学的捐赠外，还可以以小组为单位，到社会上进行募捐。

二十二　子路、曾皙、冉有、公西华侍坐

一、1. D　2. B　3. C　4. D　5. B

二、（一）6. 孔子认为子路不够谦逊，所以哂之。　7. 孔子认为冉有、公西

华实际上还是在说治理国家的志向。

（二）8. 春天到了，春水遍地，溪面初平，鸥鸟飞来，或翔于水面，或集于溪边；寂寞。9. 待客的生活场景；从中能够让人感受到主人竭诚尽意的盛情和力不从心的歉疚，尽显主客之间的深厚的友谊。

（三）10. 提示：（1）内容：太阳表明时间；辽阔的大地，只剩下的一棵树被罩了起来；男人和女人，坐在大树下面，利用连接管呼吸着树木释放的氧气。（2）寓意：通过画面的内容，说明大地上的植物被砍伐殆尽，空气中的氧气越来越少，警告人们破坏地球的生态环境，将直接威胁人类的生存。

二十三　劝　　学

一、1. 暴　輮　蛟　骐骥　鳝　跬　楫　驽　2. D　3. A　4. D　5. 战国　思想家　儒　荀子　劝勉，鼓励

二、（一）6. 青，取之于蓝而青于蓝；冰，水为之而寒于水。木直中绳，輮以为轮；木受绳则直，金就砺则利。　7. 用"水"和"冰"的比喻论证了人只要不断地学习就能超越前人，获得比前人更丰富的知识。用"木直中绳，輮以为轮""木受绳则直""金就砺则利"比喻人们通过学习不但可以增长知识，还可以从根本上改变气质和品格，成为有用的人才。结论是：君子博学而日参省乎己，则知明而行无过矣。　8. 略。

（二）9. C　10.（1）所以不积累一步半步的行程，就没有办法达到千里远的地方。（2）（螃蟹）有六条腿两个蟹钳，没有蛇和鳝鱼的洞就不能寄居托身，这是因为它用心浮躁啊。　11. 共分三层。第一层："积土成山"至"无以成江海"；第二层："骐骥一跃"至"金石可镂"；第三层："蚓无爪牙之利"至"用心躁也"。　12. 对比论证、举例论证。　13. 只有持之以恒、不断积累，才能取得学习上的成功。

拓　展　延　伸

（一）1. 提示：诵读要养成日积月累、坚持不懈、精读细品、勤摘录等良好习惯。

（二）2. 意思是说，作诗要以"意"（内容）为先，文辞格律次之，不要因

为过分注重形式而损害了内容。 3. 诗句大概的意思是说：一重一重的帘幕低垂使得书屋中香气久久不散，古砚微微凹陷处聚满了墨汁；因为黛玉觉得这样的诗句过于浅近，即不够含蓄、隽永，缺少意蕴。 4. 写香菱向黛玉学习作诗。

5. 提示：无论学诗是因为香菱对艺术的崇拜，还是欲寻求精神的寄托，总之，香菱的虚心好学精神值得我们肯定和学习。

（三）6. 提示：写作前需查阅有关资料。

综合自测题（A卷）参考答案

第Ⅰ卷 一、1. C 2. D 3. D 4. D 5. B 6. C 7. A 8. C 9. B 10. A

二、11. 来得清 来得静 来得悲凉 12. 山里的小河 快乐地游来游去 13. 荀子 14. （1）学不可以已 取之于蓝而青于蓝 （2）美人之贻

第Ⅱ卷 三、（一）15. 总分 因果 16. 孔子和孔子的弟子 司马迁 17. 排比

（二）18. 矢志不渝的爱 率真自然 19. 拟人 比喻 排比

四、20. B 21. C 22. C 23. 双方积累、不带功利 锲而不舍、刻苦勤勉 24. 本钱 支取 存单 利息 25. 略。

五、26. 略。 27. 略。

六、28. 随心所欲（沐浴设备）；依依不舍（服装）；默默无闻（灭蚊器）；百依百顺（电熨斗）。

举例略。

作文略。

综合自测题（B卷）参考答案

第Ⅰ卷　一、1. B　2. A　3. D　4. D　5. B　6. A　7. D　8. C　9. B
10. B

二、11. 穿流不息（川）　略见一般（斑）　墨守陈规（成）

礼上往来（尚）　一口同声（异）　如火如荼（荼）

阴谋鬼计（诡）　按步就班（部）　英雄倍出（辈）

变本加利（厉）

12. 杨柳依依　今我来思　雨雪霏霏　诗经　采薇

第Ⅱ卷　三、（一）13. A　14. A　15. 大宅子——外国文化；鱼翅——外国文化中的精华；鸦片——外国文化中精华与糟粕并存，需区别对待并加以批判吸收的部分；姨太太——外国文化中的糟粕，原则上应予以毁弃。　16. B

（二）17.《荀子·劝学篇》；荀子。　18. B　19. B　20. B　21. A B
22. C

四、（一）23. 臃（yōng）　载（zài）　隙（xì）　劣（liè）　24. 略。
25. 略。　26. 略。

（二）27. 每一个公民都要自觉承担起自己应尽的责任。　28. ① 责任无处不在，存在于生命的每一个岗位；② 责任是一种客观需要，也是一种主观追求；③ 责任是成就事业的可靠途径；④ 责任是实现人的全面发展的必由之路；⑤ 责任是志士仁人薪火相传的思想标杆，是中华儿女生生不息的精神动力。　29. 引出本文议论的话题，指出责任的重要意义。

五、30. 略。要求有称呼、咨询问题、结束及感谢三层意思。要注意态度语气：对长辈要恭敬、亲切，对陌生人要尊重、谦和。咨询问题要简洁明确，不交叉重复。

六、31. 略。内容与表达各占 10 分，错别字、病句另扣分。

郑重声明

高等教育出版社依法对本书享有专有出版权。任何未经许可的复制、销售行为均违反《中华人民共和国著作权法》，其行为人将承担相应的民事责任和行政责任；构成犯罪的，将被依法追究刑事责任。为了维护市场秩序，保护读者的合法权益，避免读者误用盗版书造成不良后果，我社将配合行政执法部门和司法机关对违法犯罪的单位和个人进行严厉打击。社会各界人士如发现上述侵权行为，希望及时举报，本社将奖励举报有功人员。

通信地址　北京市西城区德外大街 4 号
　　　　　高等教育出版社法律事务与版权管理部
邮政编码　100120

防伪查询说明

用户购书后刮开封底防伪涂层，利用手机微信等软件扫描二维码，会跳转至防伪查询网页，获得所购图书详细信息。用户也可将防伪二维码下的 20 位密码按从左到右、从上到下的顺序发送短信至 106695881280，免费查询所购图书真伪。

学习账号使用说明

一、注册/登录

访问 http://abook.hep.com.cn/sve，点击"注册"，在注册页面输入用户名、密码及常用的邮箱进行注册。已注册的用户直接输入用户名和密码登录即可进入"我的课程"页面。

二、课程绑定

点击"我的课程"页面右上方"绑定课程"，正确输入教材封底防伪标签上的 20 位密码，点击"确定"完成课程绑定。

三、访问课程

在"正在学习"列表中选择已绑定的课程，点击"进入课程"即可浏览或下载与本书配套的课程资源。刚绑定的课程请在"申请学习"列表中选择相应课程并点击"进入课程"。

如有账号问题，请发邮件至：4a_admin_zz@ pub.hep.cn。